Der Autor
Albert Clayton Gaulden studierte Geschichte und politische Wissenschaften. Er arbeitete als astrologischer Berater und Mitglied des Verbandes transpersonaler Psychologen. In Sedona, Arizona leitet er ein Workshop-Programm zur Entwicklung eines spirituellen Bewußtseins. Als Astro-Analytiker hat er in den letzten zwanzig Jahren Tausende Klienten aus aller Welt betreut.

Albert C. Gaulden
*Geist*wende
Vorbereitung auf den Sprung
ins dritte Jahrtausend

Aus dem Amerikanischen übersetzt
von Olaf Kraemer

WILHELM HEYNE VERLAG
MÜNCHEN

HEYNE ESOTERISCHES WISSEN
Herausgegeben von Michael Görden
13/9797

Titel der englischen Originalausgabe:
CLEARING FOR THE MILLENNIUM
erschienen bei Warner Books, New York

Umwelthinweis:
Dieses Buch wurde auf
chlor- und säurefreiem Papier gedruckt.

Copyright © 1997 by Albert Clayton Gaulden
Copyright © 1997 der deutschsprachigen Ausgabe
by Wilhelm Heyne Verlag GmbH & Co. KG, München
Besuchen Sie uns im Internet:
http://www.heyne.de
Ungekürzte Taschenbuchausgabe
Printed in Germany 1999
Umschlaggestaltung: Atelier Bachmann & Seidel, Reischach
Umschlagillustration: Tony Stone Bilderwelten/David Olsen, München
Technische Betreuung: Sibylle Hartl
Satz: Leingärtner, Nabburg
Druck und Bindung: Ebner, Ulm

ISBN 3-453-15505-X

INHALT

Vorwort von James Redfield   11

BUCH I
Die Klärung von Albert   15

1. Wiederverbindung   17
2. Erinnern   36
3. Wiederträumen   56
4. Neustart   70
5. Enthüllung   87
6. Rückkehr   98
7. Zusammenhang   118
8. Rückschau   138
9. Wiedererkennen   155
10. Ruhe   171
11. Wiederauferstehung   185

BUCH II

Klärung in Sedona: Der Intensivkurs 191

Einleitung 193
1. Neubeginn 195
2. Ein Brief um Vergebung 212

Für zwei Engel, die mich liebten,
als ich selbst nicht dazu imstande war,
und die mich daran erinnerten,
daß ich vor allem mich selbst klären mußte:

*Beirne Waters Richmond und Campion Edmund Murphy.
Und für
Marguerite Fisell Gaulden, Herzkönigin.
1. September 1916 bis 23. März 1996*

DANKSAGUNG

Besonderer Dank geht an Sagan Lewis, die mich auf die Idee brachte, dieses Buch zu schreiben; an Pat Teal, meine Agentin, die sich zu keinem Zeitpunkt duch ein »Nein« entmutigen ließ; an Salle-Merrill und James Redfield, die mir den Glauben daran gaben, daß ich etwas mitzuteilen hatte, was des Aufschreibens wert war; an Leonora Hornblow, die mir niemals sagte, was ich hören wollte, sondern was ich hören mußte, um ein besseres Buch schreiben zu können; an Martha Orr, die überall einen Abdruck ihres Herzens hinterläßt; an Will Palmer für seine ausgezeichneten Grammatikkenntnisse, die stets besser waren als meine; an Dorothy Wood Espiau dafür, daß sie nie aufhörte, an Wunder zu glauben; an Francie Runmark, die immer die richtigen Telefonnummern parat hatte; an meine Freundin und Agentin Cathy Ovson Friedman, die ein Engel war, wenn ich es nicht sein konnte; an Marion Sandhu und Kelly Watson, die mir zeigten, daß Beziehungen funktionieren können, wenn man daran arbeitet; an Gay Firestone Wray, Margaret und Robert Cristall und Bob und Gloria Decker für ihre bedingungslose Zuneigung; an Harriet Hilburn, Carolyn Hughes, Chris Kelly, Kyle Secor, Candiss Cole und Tony

Anthony für ihre unerschütterliche Freundschaft; an Don und Helen Grenough, die mir dabei halfen, innerhalb des Budgets zu bleiben; an Bobby Decker, Gary Neil Little, Anthony Pettera und Wert White: Engel, die den Weg nach Hause angetreten haben; an die Nonnen von Sarada für ihre Geduld, Toleranz und ihr ausgezeichnetes Mittagessen; an Swami Swahananda, meinen Lehrer und Guru, der mich darum bat, sein Astrologe zu werden; an jeden meiner Klienten, der den fünftägigen Sedona-Intensiv-Kurs absolviert hat – ich danke ihnen für meine Läuterung.

Besonderer Dank geht an meine brillante Lektorin, Joann Davis – für ihre chirurgische Feinarbeit, die der »Geistwende« eine weitere, entscheidende Wendung verlieh.

VORWORT

VON JAMES REDFIELD

Zum ersten Mal hörte ich von Albert Gaulden durch eine Freundin, nachdem diese ihn im Frühjahr 1989 konsultiert hatte. »Er ist unglaublich versiert darin, Fragen zur menschlichen Persönlichkeit ans Tageslicht zu holen«, erzählte sie mir eines Tages bei einer Tasse Kaffee. »Er hat auf den Punkt genau getroffen, auf welche Weise ich mir selbst im Weg stehe und mein eigenes Potential blockiere. Vor Albert kannst du nichts verstecken.«

Nachdem noch einige andere Leute diesen Astrologen und Therapeuten synchron erwähnt hatten, war ich so interessiert, daß ich schließlich einen Termin mit ihm vereinbarte und ihm einige Tage später im Pickwick Hotel in Birmingham, Alabama, tatsächlich persönlich begegnete. Bereits wenige Minuten nach unserem ersten Zusammentreffen wurde die klare und transparente Persönlichkeit dieses Mannes deutlich. Er verfügt über einen scharfsinnigen, von mildem Sarkasmus geprägten Humor und ist ein außergewöhnlich guter Geschichtenerzähler. Vor allem aber nimmt er die Arbeit mit seinen Klienten wirklich ernst.

Er überging die freundlichen Begrüßungsfloskeln so schnell wie möglich und dirigierte mich auf eine Eckcouch, wo er mein vollständig ausgefülltes astrologisches Horoskop zwischen uns auf dem Tisch ausbreitete.

»Nun«, bemerkte er, »bei Ihnen handelt es sich um einen ziemlich geheimnistuerischen Burschen, der sich dazu noch mitten in einer Vielzahl von Konflikten befindet. Habe ich recht?«

Er erklärte mir, daß der Planet Pluto sich momentan in einem genauen 90-Grad-Winkel zu meinem Geburtsdatum befand. Dies geschieht nur einmal im Leben jedes Menschen und kennzeichnet einen Zeitraum, in dem alles, was dem höheren Wachstum und dem psychologischen Fortschreiten einer Person im Wege steht, ihr gewöhnlich mit voller Wucht um die Ohren fliegt, oftmals unter traumatischen Umständen.

Ich lächelte ihn an, hielt mich weiterhin unnahbar und bedeckt, doch wußte ich bereits, daß er den Nagel auf den Kopf getroffen hatte. Mein augenblickliches Leben war in drastischen Veränderungen begriffen. Ich hatte meine Ehe beendet und einen Job verlassen, der mich acht Jahre lang ernährt hatte.

»Ach ja«, fuhr er fort, »und da ist noch etwas. Sie sind dabei, etwas zu schreiben. Worum handelt es sich?«

»Augenblick mal«, unterbrach ich ihn. »Woher können Sie das wissen?«

Er drehte die Tabelle so, daß ich einen Blick drauf werfen konnte. »Sehen Sie selbst. Venus und Jupiter stehen bei Ihnen im fünften Haus des Wassermannes und werden durch Transit und Fortschritt aktiviert. Sie müssen etwas schreiben.«

Nun war ich wirklich beeindruckt. Vor etwa sechs Monaten hatte ich damit begonnen, die »Prophezeiungen von Celestine« zu schreiben. »Ich möchte wissen, wie Sie das machen«, sagte ich zu ihm.

Albert lachte, und die nachfolgende Unterhaltung führte schließlich zu einer Reise nach Sedona zu einer seiner berühmten Klärungen, in deren Verlauf wir uns dem Studium der Astrologie widmeten und Albert seine erstaunlichen Talente zur Schau stellte: Er half mir dabei, jene unbewußten Angewohnheiten und Süchte zu erkennen, die mich daran hinderten, ein freieres Leben zu führen. In meinem Fall ging es selbstverständlich um meine Unnahbarkeit und meinen Widerwillen, zu einer Sache wirklich mit ganzem Herzen »ja« zu sagen. Durch die Hilfe der magischen Landschaft von Sedona, deren zauberhafte rote Sandsteinhügel unsere inneren Erlebnisse regelrecht zu illustrieren schienen, wurde mir deutlich, an welchem Punkt meine Indifferenz sich bemerkbar machte, weshalb sie mir im Weg stand und wie sich mein wirkliches Selbst fühlte, wenn ich mich von meinem Kontrolldrama befreite.

In dieser Umgebung war es mir zum ersten Mal möglich, mein Leben als eine einzige, zusammenhängende Geschichte zu begreifen – vom Auftauchen in meiner Familie bis hin zu den Irrungen und Wirrungen, die daraus folgten. Ich stieß in alten Beziehungen auf verborgene Botschaften, auf Missetaten, die es wiedergutzumachen galt, und die Notwendigkeit der vollen Anerkennung meiner Vergangenheit als Vorbereitung auf meine augenblickliche Existenz. Vor allem aber gewann ich ein Freiheitsgefühl und eine Inspiration, die sich nur dann einstellen, wenn man sein Leben ehrlich und mit so wenig Geheimnissen wie möglich lebt...

Zurückblickend glaube ich, daß Alberts Schwerpunkt seiner Arbeit – das Erkennen von Suchtmustern und unbewußten Angewohnheiten – mich zu Denkern wie Norman O. Brown und Ernest Becker geführt hat, die schon vor Jahren erklärt haben, daß Menschen sich nur so weit entwickeln können, wie sie in der Lage sind, ihre alltäglichen Zwangshandlungen zu transzendieren – jene Teile unseres Lebens, denen wir mit einzigartiger Intensität nachzugehen pflegen und die wir nur ungern genauer unter die Lupe nehmen, weil sie sich scheinbar so gut anfühlen. Wir wissen, daß solche Aktivitäten, die unterschiedlich destruktive Ausmaße anzunehmen imstande sind – z.B. übermäßige Arbeit, Völlerei, kompulsives Spielen, Fernsehen, Einkaufen, Urteilen, Distanzieren, Tratschen, Trinken, Drogengebrauch –, von unserem Unterbewußtsein ins Spiel gebracht werden, um uns abzulenken und die Furcht des Egos vor der Realisation des großen Geheimnisses seiner wahren Natur zu bewahren. Das Ego kämpft um seine Existenz, weil es Angst hat, die Kontrolle zu verlieren und weil es sich nicht vorstellen kann, daß es lediglich in einem höheren Selbst aufgehen würde, das durch Intuition, Kreativität und wunderbare Abenteuer bestimmt wird.

In dem hier vorliegenden Buch versucht Albert, das volle Ausmaß eines derartigen Klärungsprozesses darzustellen. Auf seine so humorvolle wie auch provokative Art ist es ihm gelungen, die Herausforderungen, die vor uns allen liegen, für jeden Leser deutlich sichtbar zu machen. Wir können so lange und so viel über das Eintreffen einer neuen spirituellen Renaissance sprechen, wie wir wollen – sie kann erst dann stattfinden, wenn genug Menschen begreifen, daß zu spirituellem Wachstum auch eine »Komponente geistiger Gesundheit« gehört. Wir müssen alle einen Schritt zurücktreten und einen Blick auf *die* Aspekte unserer Persönlichkeit werfen, die uns immer noch zurückhalten; erst dann werden wir zu dem, was wir wirklich sind – und können mit vollem Bewußtsein eine Mission anstreben, die die Welt verändern wird.

# BUCH I

Die Klärung von Albert

Kapitel 1

Wiederverbindung

Wo das Licht am hellsten ist, sind die Schatten am tiefsten.
— Johann Wolfgang von Goethe

»Ich will Gott kennenlernen!«

Swami Swahananda, seit acht Jahren mein Guru und Lehrer und gleichzeitig Erzbischof der Vedanta-Gesellschaft in Südkalifornien, saß mir gegenüber und nickte in erhabener Losgelöstheit mit dem Kopf.

Es war der 18. Februar 1988. Heute war ich auf den Tag genau acht Jahre abstinent und hatte zur Feier dieses Geburtstages eine Audienz im Vedanta Center in Hollywood gebucht.

Als ich Swami zum ersten Mal begegnet war, hatte ich ihm erzählt, daß ich nicht an Gurus glaubte und niemals Angehöriger eines Kultes werden würde. Er hatte geantwortet, daß es besser für mich sei, an mich selbst zu glauben. So war Swami Swahananda mein Lehrer geworden. Er gab mir einen Namen in Sanskrit – nicht etwa, um meine Identität durch einen Decknamen zu verschleiern, sondern um meine spirituelle Wiedergeburt zu zelebrieren. Nur er, die Nonnen vom Sarada-Konvent und andere Anhänger Swamis nennen mich bei diesem Namen.

»Gott zu kennen bedeutet, dich selbst zu kennen«, erwiderte Swami mit ruhiger Stimme.

Er hörte geduldig zu, was mir an meiner Tätigkeit als Astrologe alles zuwider war. Meine Klienten bombardierten mich ohne Unterlaß mit nichtigen Fragen wie: »Wann werde ich endlich mehr Geld haben?« »Sehen Sie irgendwo am Horizont eine neue Liebe für mich?« »Warum stoßen mir dauernd all diese schrecklichen Dinge zu?« Zum ersten Mal, seit ich abstinent geworden war, hatte ich das Gefühl, meine Arbeit aufgeben zu müssen. Mir waren die Antworten auf all diese Fragen ausgegangen. Nun brauchte ich selbst Hilfe.

Schon als Alkoholiker hatte ich meinen Lebensunterhalt mit Astrologie bestritten, obwohl es mir nie besonders interessant erschienen war, die Zukunft vorauszusehen. Trotzdem verabredete ich Stunde um Stunde mit meinen Klienten – offenbar war ich zu der Überzeugung gelangt, mit unerschöpflichen Kräften ausgestattet zu sein. Manche meiner Klienten konsultierten mich für die Dauer einer Stunde, um das Evangelium von Albert in sich aufzusaugen und im Anschluß daran ein besseres Leben zu kreieren. Andere wiederholten immer wieder die gleichen destruktiven Lebensmuster und erzielten die gleichen verheerenden Resultate.

Waren einige der Klienten in der Lage, ein besseres Leben zu führen, weil ich sie »hypnotisiert« hatte und sie deshalb an meine Vorhersagen glaubten? Möglich. Oder handelte es sich einfach um sich selbst erfüllende Vorhersagen? Vermutlich. Wir alle standen unter irgendeinem Bann. Manche astrologischen Tabellen weisen auf Erfolg hin, andere auf Mittelmäßigkeit. Viele Sucher werden zu psychischen Vampiren, die landauf und landab nach einem Seher, einem Guru oder irgendeinem »ismus« suchen, der ihnen dabei helfen soll, ihr Leben zu verbessern, ohne daß sie selbst einen Finger krümmen müßten.

Ich wollte mit Swami sprechen, weil ich meine Arbeit als Astrologe beenden und statt dessen Bücher in der Bücherei der Vedanta-Gesellschaft verkaufen oder ihm als Jünger persönlich zu Diensten stehen wollte. Ich hatte die Nase gestrichen voll von meiner Luftguckerei auf dem spirituellen Pfad.

Als Einleitung zu dem dramatischen Augenblick meiner ewigen Heimkehr in Swamis Arme und meiner Aufnahme in den innersten Kreis hatte ich beschlossen, ein Erlebnis auszuschmücken, das mir kürzlich in Texas widerfahren war.

»Swami, letzte Woche habe ich in Dallas eine Versammlung spiritueller Pilger besucht, die gekommen waren, um den Vorsitzenden der Hare-Krishna-Gemeinde zu erleben. Als eine wohlhabende Frau aus Highland Park erklärte: ›Ich spüre Gott in meinem wunderschönen Blumengarten‹, wies dieser Vorsitzende sie scharf zurecht ...

›Gute Frau, Gott hat wichtigere Dinge zu tun, als bei Ihnen in den Blumenbeeten herumzulungern. Gott hat eine feste Adresse und eine Telefonnummer. Er hat ein Gesicht und Hände, genau wie Sie, und Er ist ausgesprochen wählerisch im Hinblick darauf, mit wem Er seine Zeit verbringt.‹«

Ich strahlte über das ganze Gesicht, als ich Swami diese Geschichte erzählte. »Diesen Gott will ich kennenlernen. Ich möchte in der Lage sein, Gott zu spüren, ich möchte Gott sehen!« Emotional erschöpft sank ich in meinem Sitz zurück.

Als astrologischer Fisch, mit Löwe im Aszendenten (ganz der Oscar-verdächtige Schauspieler), hatte ich mich selbst übertroffen, um Swami davon zu überzeugen, die Tore der Vedanta-Gesellschaft weit für mich zu öffnen, damit ich dort Zuflucht suchen und Gott finden konnte.

Swami nannte mich bei dem Namen, den er mir gegeben hatte, als ich in die Vedanta-Gesellschaft initiiert worden war; er bedeutet »Geliebter Gottes«. »Ramapriya«, sagte er, »bei unserer ersten Begegnung warst du voller Mitgefühl für das Leid des Alkoholikers, oder etwa nicht?«

»Das stimmt, Swami.«

»Seit wann bist du abstinent?«

»Heute sind es auf den Tag acht Jahre.«

»Acht Jahre sind eine lange Zeit, wenn du dich daran erinnern willst, wohin deine Reise dich geführt hat, und acht Jahre sind eine zu kurze Zeit, um sie zu vergessen.«

Mit einem Mal überkam mich das seltsame Gefühl, daß Swami mir nicht sagen würde, was ich so gern gehört hätte. Ich lauschte weiter. »Nach sechs Jahren Abstinenz wolltest du gemeinsam mit einer reichen Frau nach Hawaii ziehen, um dort in der Sonne zu hocken und in der Kontemplation Gott zu suchen. Die Frau brauchte Gesellschaft, und du wolltest ihr gefällig sein. Damals erklärte ich dir, daß Gott möchte, daß du mit deiner Arbeit fortfährst und daß die Sonne warten kann.«

Bevor Swami mich daran erinnerte, was ich in meinem siebten Jahr der Abstinenz vorgehabt hatte, bestellte er Darjeeling-Tee und überreichte mir *prasad*, eine Speise, die vor ihrem Verzehr Gott geweiht wurde.

»Nach sieben Jahren Nüchternheit kamst du zu mir und erklärtest, wie sehr du Sedona haßt. Deiner Meinung nach waren die Menschen dort emotional instabile und spirituelle Hohlköpfe, die lediglich auf den Tag warteten, an dem sie von einem UFO aus dieser Welt entfernt würden. Damals wolltest du in ein Kloster bei Montecito in Kalifornien gehen, wo sich die wahren Sucher versammelten. Ich habe dir gesagt, daß Montecito dir ebensowenig gefallen würde wie Sedona. Du bist in Sedona geblieben.«

Swami mußte über fünfundsechzig sein, und doch verfügte er über die Erinnerungsfähigkeit eines viel jüngeren Mannes, dachte ich verwundert.

Er fuhr fort: »Unter den Sufis in Indien gibt es eine Geschichte über die Schöpfung und den Platz, wo wir Gott vermuten: ›Wenn wir Gott auf dem Boden des Ozeans ansiedeln, wird der Mensch in die Tiefe hinabtauchen. Siedeln wir ihn auf der höchsten Bergspitze an, wird der Mensch dort hinaufklettern. Doch wenn wir annehmen, daß Gott in unserem Inneren residiert, macht sich niemand die Mühe, dort nachzuschauen.‹«

Gelegentlich habe ich Schwierigkeiten damit festzustellen, wann es die Naturgesetze sind, die in meinem Leben schalten und walten, und wann nicht. Behutsam führte Swami mich an einen Punkt, den ich zu vermeiden gesucht hatte; ich leiste lieber ständig Widerstand, dann übernimmt ein für mich unsichtbarer Gott die Leitung und verbessert mein Leben.

»Ramapriya, erlaube deinen Klienten, dich weiterhin zu konsultieren, besonders wenn sie den Illusionen dieser Welt verhaftet scheinen. Erblicke in ihnen das Abbild Gottes. Wenn du dies lange genug tust, wird Gott auch dich eines Tages berühren.« Während Swami Swahananda sprach, spürte ich, wie die Forderungen und Konzepte meines Verstandes allmählich verstummten.

»Aber Swami, es muß doch mehr in meinem Leben geben als einstündige Sitzungen mit Neugierigen und Schaulustigen, die glauben, ich besitze einen Zauberstab, mit dessen Hilfe ich ihr Leben verbessern kann!«

Seiner Natur gemäß saß Swami einige Minuten mit geschlossenen Augen da und schwieg. Ich habe immer den Verdacht, daß Swami sofort in *samadhi*, einen todesähnlichen Schlaf, fällt, sobald er sich in einen meditativen Zustand begibt.

»Ramapriya, Gott wird dir den Weg weisen. Wenn er will, daß sich dein Leben verändert, wird dein Pfad eine Wendung nehmen, und du wirst ihr folgen. Das unterliegt nicht deiner Kontrolle. Habe keine Angst. Noch während wir hier reden, ebnet Gott deinen Pfad. Vertraue auf Gott.«

Ich blieb noch ungefähr eine Stunde in Swamis Gegenwart. Als ich ging, war an die Stelle meines Ärgers und meiner Konfusion ein innerer Frieden getreten. Jede Audienz mit Swami Swahananda beförderte mich an einen klaren, ruhigen Ort in meinem Inneren, von dem aus ich mühelos imstande war, die wahre Natur der Dinge zu erkennen.

Als ich aus Hollywood nach Sedona zurückkehrte, erhielt ich ein Angebot aus Birmingham, Alabama, meiner Heimatstadt, um dort in einem Buchgeschäft ein Wochenendseminar über

Seelenverwandtschaft abzuhalten. Ich rief zurück und vereinbarte einen Termin im April. Noch hatte ich keine Ahnung, daß ein mir unsichtbarer Gott, den ich nicht zu berühren imstande war, das karmische Rad in Bewegung gesetzt hatte und ich gerade auf die nächste Biegung auf meinem spirituellen Pfad vorbereitet wurde.

Meine Rückkehr nach Birmingham war gleichbedeutend mit meiner Rückkehr an den Ort meiner jahrelangen Sauftouren und der damit verbundenen unkontrollierten Ausbrüche. In jener Zeit der doppelten Martinis hatte ich alle Hoffnung fahren lassen und war in einer Schlammlawine aus zwanghaftem Alkoholismus und permanentem Wohnungswechsel versackt. Jetzt war der ehrlose Prophet dabei zu beweisen, daß er in der Lage war, heimzukehren und sich vor einem zahlenden Publikum zu produzieren.

Ich kehrte in meiner Eigenschaft als Astroanalytiker zurück. Anderen Menschen dabei zu helfen, ihre tiefsten Verletzungen mit Hilfe ihrer Horoskope ausfindig zu machen und zu heilen, darin besteht meine Spezialität als Therapeut. In verschiedenen Großstädten halte ich Seminare ab und beriet Klienten aus allen Berufsfeldern und Lebensbereichen, von professionellen Sportlern und Werktätigen bis hin zu Berühmtheiten aus dem Showgeschäft und Geschäftsleuten.

Mein Vortrag über Seelenverwandtschaft war ein Erfolg. Das Publikum schien zufrieden, und zehn Leute fanden sich sogar bereit, meine jährliche Exkursion nach Luxor, Assuan und Kairo, in das Land der Pharaonen, des magischen Nilstromes und seiner jahrhundertealten Artefakte und Monumente, mit mir zu unternehmen.

Wieder in meinem Hotel angekommen, packte ich den Koffer und entschied mich, einen kurzen Nachmittagschlaf zu halten, bevor ich den Rückflug nach Kalifornien antrat. Nichts auf der Welt bereitete mich auf die Hektik einer Flugreise besser vor als Meditation und Entspannung.

Ich legte meine Lieblings-CD von Harold Moses »*Edges of the Soul*« in den hoteleigenen CD-Spieler ein und legte mich aufs Bett, um die Ereignisse des Tages Revue passieren zu lassen. Es dauerte nicht lange, bis ich tief und regelmäßig zu atmen begann. Meine Lippen kribbelten, als wollte sich eine innere Stimme durch meinen Mund Gehör verschaffen. Mit einem Mal schien mir, als würde ich frei fallen; dann wachte ich mit einem Ruck auf, woraufhin der Klang der Musik leiser wurde. Erschöpft ergab ich mich und taumelte hinab in tiefe Dunkelheit, die immer wieder von einem hellen Lichtschein unterbrochen wurde.

Ich konzentrierte mich auf eine pulsierende weiße Pyramide, die von einer goldenen Aura umgeben war. Dieses Bild war mir zum ersten Mal im Alter von sechs Jahren erschienen. Plötzlich begann eine mächtige Männerstimme zu mir zu sprechen:

Hallo, Albert. Weshalb hat es so lange gedauert, bis du mit mir in Kontakt getreten bist?

»Was? Wer bist du? Laß mich in Frieden!« begehrte ich auf.

Ich war nun vollkommen wach und saß auf dem Bettrand. Woher kam diese Stimme? Große Schlucke aus einer Flasche Mineralwasser trinkend, lief ich im Hotelzimmer auf und ab. Seit Jahren hatte ich von Freunden gehört, daß sie mit Geistern kommunizierten. Ich wollte aber nichts mit ihnen zu tun haben – falls es sich bei dieser Männerstimme um etwas Derartiges handeln sollte.

Doch eine überwältigende und liebevolle Energie zog mich zurück auf mein Bett. Ich legte mich auf den Rücken und versank in eine tiefe Meditation.

Entspanne dich. Atme ruhig weiter, und allmählich wirst du deine Angst verlieren. Ich habe dich beobachtet. Deine Handlungen und Gedanken deuten darauf hin, daß du für deine Aufgaben bereit bist.

Die Kommunikation war telepathisch und mit bloßem Ohr nicht wahrzunehmen. Ich war außerstande, mich zu bewegen. Angst empfand ich keine, obwohl ich durch eine extrem starke und keinen Widerspruch duldende Energie an meinem Platz gehalten wurde. Der Mann sprach mit sicherer Stimme und vermittelte das Gefühl absoluter Autorität.

Seit mehr als zehn Jahren versuche ich, mit dir in Kontakt zu treten.

Ich schwebte zwischen den Ebenen, in Zeit und Raum. Normalerweise hätte ich solch ein Eindringen in meine Privatsphäre als bedrohlich empfunden, doch in diesem Augenblick war ich vollkommen ruhig und mit einer Energie in Verbindung, der ich bedingungslos vertraute. Ich antwortete telepathisch.
»Wer bist du? Was hast du mit mir vor?« fragte ich, um zu prüfen, ob dieser ungeladene Gast mich ebenfalls hören konnte.

Ich bin Paul, der Führer deines höheren Selbst und dein Lehrer. Sobald du die tiefste Bewußtseinsebene erreicht hast, werde ich zu einem Teil dessen, was du hörst. Ich bin hier, um dir bei deiner Rückkehr ins Licht zu helfen und deine Hindernisse zu klären.

»Anfänglich hast du versucht, durch meinen Mund zu sprechen, wie ein fremdes Wesen. Weshalb? Ich möchte nicht gegen meinen freien Willen von einem anderen Wesen besessen sein«, erwiderte ich.

Da du dich auf einer derartig tiefen Bewußtseinsebene befunden hast, schien es dir, als würde ich versuchen, durch dich zu sprechen. Ich bin ein Teil von dir und werde ausschließlich mit dir kommunizieren. Du selbst wirst entscheiden, welche der Informationen du mit anderen teilen willst.

»Bist du ein Außerirdischer, der gekommen ist, um mich zu entführen?« fragte ich.

Albert, für dich bin ich kein Fremder, und ich bin nicht gekommen, um dich zu entführen. Ich bin der alles sehende, alles wissende Teil deiner selbst, der mit dem Kontinuum der Zeit verbunden ist. So wie du verfüge auch ich über einen eigenen Verstand und eine eigene Stimme. Du und ich sind eins. Stell dir einfach vor, daß wir spirituelle Zwillinge sind.

Ich brauchte eine ganze Weile, um mich zu beruhigen und meine Angst und Befangenheit zu überwinden. Sowohl meine Freunde als auch meine Gegner wußten gleichermaßen, daß ich allen Erscheinungen, die den Anschein von Hokuspokus oder Feenzauber besaßen, extrem kritisch gegenüberstand. Allerdings bin und war ich mir durchaus im klaren darüber, daß Verstorbene sich weiterhin im irdischen Bereich aufhalten, auch um dort *gegen* die Interessen der Lebenden zu handeln.

Durch mein jahrelanges Studium östlicher Philosophien und diverser Religionen, paranormaler Psychologie, Okkultismus und der Metaphysik; durch meine Teilnahme an den Selbsterkenntnis-Kursen der *Spiritualist Church* sowie durch Seminare und Vorlesungen anderer Lehrer habe ich ein kritisches Urteilsvermögen entwickelt und dabei gelernt, meiner eigenen Intuition zu vertrauen. Da Paul sich als Teil meiner selbst, als höherer Aspekt meiner eigenen Existenz zu erkennen gegeben hatte, entspannte ich mich weiter und ließ ihn berichten, weshalb er mich kontaktierte und was ich tun sollte. Allerdings nicht, bevor mein skeptischer Mond im Zeichen des Stieres seinen Kampf gegen jede Möglichkeit des Betruges und alle in Betracht kommenden Winkelzüge und unlauteren Machenschaften ausgefochten hatte.

Er erklärte mir, daß jeder Mensch über innere Inspiration verfüge und ich in keiner Weise besonders oder privilegiert sei. Wir alle haben unseren eigenen Helfer im höheren Selbst. Er sagte, daß wir diese Hilfe aus unserem Inneren erhalten, damit wir uns nicht an äußere Kontrollinstanzen klammern müssen.

Paul erklärte mir, daß jedes menschliche Wesen aus drei Aspekten des Selbst bestehe: einem niederen Selbst, einem mittleren Selbst und einem höheren Selbst. Das niedere Selbst ist ein Bewußtsein, das vom ungebührlichen Einfluß des menschlichen Egos bestimmt wird und ständig auf der Suche nach Vergnügen und der Erfüllung von Wünschen ist. Das mittlere Selbst ist jener Teil in uns, der dem höheren Selbst dabei behilflich ist, das niedere Selbst zu beeinflussen, also eine Art Vermittler. Das höhere Selbst ist der göttliche Teil in uns, der in der Lage ist, unser Leben vom höchstmöglichen Punkt aus zu betrachten, und uns dabei hilft, die Entscheidung zur Vereinigung mit dem göttlichen Prinzip zu treffen.

Paul unterrichtete mich davon, daß ein Mensch in seinem Leben ausreichend Klärung erfahren haben mußte, um überhaupt in der Lage zu sein, diese Stimme der Inspiration und des höheren Selbst wahrzunehmen. Ich wußte zu diesem Zeitpunkt nicht, was genau er mit »Klärung« meinte, nahm aber an, es handele sich dabei um die Konfrontation und Bewältigung des eigenen Suchtverhaltens sowie von Ressentiments gegenüber anderen Menschen und Familiendramen, die ein Individuum davon abhielten, offen und frei genug zu sein, um jene innere Stimme zu hören, wenn sie zu sprechen begann.

Es gibt Medien, die vorgeben, mit nicht inkarnierten Geistern zu kommunizieren, die über eigene Identitäten verfügen. J. Z. Knight, durch Hollywood-Berühmtheiten wie Shirley MacLaine und Linda Evans bekannt, steht mit einer Entität namens Ramtha in Verbindung, die behauptet, ein fünf Millionen Jahre altes Wesen zu sein, das seine Lehren durch Frau Knight verbreitet. Paul ist keines dieser Wesen. Über die Jahre hat er immer wieder betont, daß es sich bei ihm um eine Stimme der Inspiration und Anleitung handelt.

Da ich den Mitteilungen von Medien außerordentlich skeptisch gegenüberstehe, werde ich von metaphysischen Novitätssuchern oft als Querulant betrachtet. »Übernehmt selbst Verantwortung dafür, was ihr sagt«, kann ich dazu nur raten. Doch nur, weil mir Medien suspekt sind, heißt dies noch lange nicht, daß ihre Aussagen nicht aus einer normalerweise unzugänglichen Quelle kommen können. Offenbar stammen sie aus unserem höheren Selbst.

Auf meine Frage, weshalb er nur zu mir sprach, wenn ich meditierte, antwortete Paul, daß ich ansonsten zu beschäftigt und zerstreut sei, um seinen Anleitungen zu folgen. Meditation sei ein Zustand, in dem der Verstand zur Ruhe kommt und der menschliche Wille aufnahmebereit ist. Mit der Zeit und zunehmender Klärung würde ich in der Lage sein, zu denken, zu handeln und durch Inspiration und Intuition zu sprechen, ohne dazu eine telepathische Kommunikation mit dem Vertreter meines höheren Selbst zu benötigen.

Seine Antwort auf eine meiner besonders spezifischen Fragen nahm mir die letzten Zweifel daran, ob ich ihm vertrauen konnte oder nicht. »Wenn es sich bei dir um einen Aspekt meines Selbst handelt und nicht um ein separates Wesen, weshalb nennst du dich dann Paul?«

Seine Antwort:

Du selbst warst es, der intuitiv diesen Namen gewählt hat, als du in den siebziger Jahren die Spiritualist Church in Los Angeles besucht und dort deine »Selbsterkenntnis-Klassen« absolviert hast. Dein Lehrer wies seine Schüler an, ihren eigenen Führer zu einem höheren Bewußtsein zu finden. Dort, im Dunkel sitzend, riefst du den Namen, den du mir damals gegeben hast: »Paul, Paul, Paul.« Ich habe dir geantwortet, wie es der Geist des höheren Selbst tut: Deine Arme fröstelten leicht, du bekamst Gänsehaut, du schaudertest, Zeichen, die die Anwesenheit des Geistes bestätigen. Bis zu diesem Zeitpunkt warst du nicht in der Lage, tief genug zu gehen oder ruhig genug zu sein, um meine Stimme wirklich zu hören.

Jeder, der in Kontakt mit dem Führer seines höheren Selbst treten will, kann dies tun. Jeden Tag um die gleiche Zeit muß er still sitzen und im Innern seinen Namen rufen, genau wie du es damals getan hast.

Heute hattest du Angst vor mir, weil ich dich bei deinem Namen gerufen habe. Du hast nie darauf vertraut, daß dieser »Paul«-Geist jemals in der Lage sein würde, telepathisch mit dir in Verbindung zu treten. Weil du ein Leben in Angst gelebt hast, konntest du niemandem vertrauen, nicht einmal dir selbst. Jetzt weißt du, daß es möglich ist, bewußt mit mir in Verbindung zu treten, da ich es geschafft habe, durch die Barrieren deines Egos zu brechen. Bis dahin mußte ich dir assistieren, ohne daß du es bewußt wahrnehmen konntest.

Paul bestätigte seine ständige Anwesenheit in meinem Leben, indem er mich an signifikante Vorfälle und Krisen erinnerte. Im Alter von sechs Jahren fiel ich sieben Meter tief in eine Kiesgrube. Ich trug Schürfwunden im Gesicht davon und war für einige Minuten bewußtlos, hatte mir aber nichts gebrochen.

Ich bin mit dir gefallen. Erinnerst du dich an den Autounfall im Jahre 1962?

Auf dem Heimweg von meinem Luftwaffenstützpunkt in South Carolina nach Birmingham, Alabama, war ich am Steuer meines offenen, nagelneuen MGB-Sportwagens eingeschlafen und gerade rechtzeitig genug aufgewacht, um einem entgegenkommenden Fahrzeug nach rechts in einen tiefen, breiten Graben auszuweichen. Der Wagen landete frontal in der Erde, und ich flog in hohem Bogen durch die Luft, mitten in einen Haufen frisch gemähtes Heu. Ich erlitt eine mittelschwere Gehirnerschütterung, doch hatte ich mir auch dieses Mal nichts gebrochen.

Ich habe dich angeschubst, bevor du frontal mit dem Lastwagen zusammenstoßen konntest, und dich schnell nach rechts in den Heuhaufen gelenkt.

»Wieso warst du in der Lage, mein Leben zu retten, wenn andere Menschen vorzeitig sterben, obwohl sie spirituelle Führer haben?« fragte ich.

Karma. Schlicht und einfach Karma. Deine Zeit war noch nicht gekommen. Jeder von euch wählt den Zeitpunkt und Ort seiner Geburt, seine Eltern und auch den Zeitpunkt seines Todes.

»Paul, wenn du und ich eins sind, weshalb müssen wir uns dann unterhalten und darüber diskutieren, wer ich bin und was ich zu tun habe? Weshalb verrichte ich nicht einfach meine Aufgabe?«

Einen Augenblick lang herrschte Stille. Ich begann, ruhiger und gleichmäßiger zu atmen. Wenn ich während meiner Gebete oder Meditationen unruhig war, wurde mein Atem schnell und unregelmäßig.

Du bist materiellen Illusionen und falschen Wahrnehmungen verhaftet, die deinem Ego entstammen und ihm dienen. Du bist dir nicht klar. Wenn du deinen Verstand beruhigst, können du und ich – dein allwissendes Selbst – miteinander kommunizieren, und ich werde dich zu einem klareren Verständnis deiner wahren Identität und deiner Bestimmung auf der Erde führen können.

Als du noch Alkoholiker warst, war ich es, dein höheres Selbst, das dich dazu veranlaßt hat, den Krug bis zur bitteren Neige zu leeren und den schwierigen Weg zurück zu Gott zu nehmen. Dein Alkoholismus stellte eine ausgezeichnete Möglichkeit dar zu klären, was dich von Gott trennte. Dein Ego hat vorgeschlagen, daß du von harten Getränken auf Weißwein umsteigst, oder daß du dringend der Erholung bedarfst. Das Ego hatte kein Interesse an der schwierigen Lösung und erwähnte den Namen Gottes nie. Gott und Vergebung sind für das Ego ein Anathema, schlichtweg ein Greuel.

Wie gebannt lauschte ich auf Pauls Stimme, während er fortfuhr, mir die Entstehungsgeschichte der Erde und der Menschheit zu erklären. Danach hatte Luzifer sich auf einen Machtkampf mit Gott eingelassen. Die Seelen von einigen Engeln hatten sich von Gott und dem Paradies getrennt, und so hatte sich die Erde als Schule der Erinnerung an die Lektionen des Lebens manifestiert, als Vorbereitung für die Rückkehr in den Himmel.

Jede Handlung und jeder Gedanke, der im Gegensatz zu den spirituellen Gesetzen des Himmels steht, muß hier unten auf der Erde gebüßt und erlöst werden. Jener Teil meiner Persönlichkeit, der dem Ego verhaftet war, mußte hier um seine Freiheit von falschen Versprechungen kämpfen. Mein höheres Selbst jedoch ist mit der göttlichen Wahrheit von Einheit und Liebe zu Gott in ständiger Verbindung. Als Albert ist es mir jedoch nicht möglich, dieses Wissen um Wahrheit, Liebe, Schönheit und Licht anzuzapfen; doch als mein höheres Selbst, als Paul, ist mir dieses Wissen zugänglich. Wenn ich meditiere und mich in einem kontemplativen Zustand befinde, dann bin ich auch in der Lage, mich mit der Größe, die ich als gottgeschaffene Seele kenne und erwählt habe, zu verbinden.

Paul erklärte mir weiterhin:

Ein starkes inneres Verlangen nach Heimkehr zieht dich wie ein Magnet an, sobald du dich entschieden hast, dem höheren Selbst Gehör zu schenken. Seit Jahrhunderten erwarten Seelen die Reaktivierung der Schwingungen eines universellen Bewußtseins, die all jene unterstützen werden, die sich nach Gott und der Rückverbindung mit der ursprünglichen Unteilbarkeit sehnen. Du hast die Wahl.

Ich verstand zunächst nicht, was er damit meinte, entdeckte jedoch später, daß die Menschheit sich in einer Art Schlafzustand befunden, dabei jedoch im wesentlichen mit der Resonanz des göttlichen Willens auf Erden in Verbindung gestanden hatte. Das normale Alltagsbewußtsein verfügt nicht über die Fähigkeit, auf diese Resonanz zu reagieren, da es dem Ego verhaftet ist. Es wird jedoch eine Zeit kommen, da jeder Mensch dazu imstande ist.

Als nächstes sagte Paul:

Die Sterne sind Teil einer Himmelskarte, die Auskunft darüber gibt, zu welchem Zeitpunkt die gesamte Menschheit sich wieder ihrer wahren, ewig währenden Existenz zuwenden wird. Die Planeten innerhalb ihrer Zeichen formieren sich zu kosmischer Geometrie, die das Signal für die Rückkehr in das Zeitalter des Lichtes geben wird. Der Mensch wird seine wahre Natur und seine wahre Essenz erkennen und erwachen.

Alle Menschen auf Erden haben Karma aus ihren Vorleben abzuarbeiten, indem sie anderen Menschen dienen. Wenn ein Leben endet, gelten nur Liebe und Dienst am Nächsten als signifikante Qualitäten.

Die kosmische Geometrie dient zur Vorbereitung der Versammlung von Engeln, deren Absicht es ist, zu Gott zurückzukehren. Beobachte den Himmel und die himmlischen Bewegungen und Veränderungen. Konfigurationen und Zeichen, die auf eine Veränderung der göttlichen Vorhersehung hinweisen, sind auf der Himmelskarte zu finden.

Es ist an der Zeit, deine Aufgabe anzunehmen und die Hindernisse und Barrikaden, die dich von deiner wahren Identität trennen, beiseite zu räumen, weil du das Karma aus deinen letzten siebzig Leben geklärt hast.

»Siebzig Vorleben? Bist du dir sicher, daß ich siebzig Mal gelebt habe?« fragte ich ungläubig.

Alle menschlichen Wesen sind mehr als viertausend Mal geboren worden. Die siebzig Leben, die dein Karma in diesem Leben beeinflußt haben, erstrecken sich über einen Zeitraum von mehr als dreitausend Jahren.

Ich stellte Paul keine weiteren Fragen über Vorleben mehr. Intuitiv wußte ich, daß wir alle bereits Tausende von Leben in unterschiedlichen Galaxien und Dimensionen gelebt hatten.

»Gilt dieser Auftrag ausschließlich für mich? Bin ich der einzige, der die anderen ins Licht führt?«

Nein, Albert, das bist du nicht. Vergleiche es mit einem Auftrieb von Seelen, die endlich heimkehren wollen. Ich bin mit dir in Kontakt getreten, während andere Menschen ebenfalls mit ihrem höheren Selbst wiederverbunden wurden. Zu guter Letzt warst du in der Lage, mich wahrzunehmen und mir zu antworten. Andere werden ihre Führer ebenso wahrnehmen, ihre Dramen klären und auf die Stimme in ihrem Inneren hören und so imstande sein, andere anzuleiten.

»Was genau gilt es zu tun?«

Du mußt den Schrott deiner Vergangenheit beiseite räumen, der dich von Gott trennt und dich fälschlich als Sklave deines durch das Ego gesteuerten niederen Selbst ausgibt. Du hast deine wahre Identität verborgen, um dich zu schützen. Du bist nicht, wer du zu sein meinst. Du bist aus göttlichem Licht geschaffen.

»Worin besteht die Botschaft?« bohrte ich weiter. Ich klammerte mich an den Gedanken, ein gewöhnlicher Mensch mit einem außergewöhnlichen Leben zu sein. Diese ganze Botschaftergeschichte stimmte mich argwöhnisch.

Der Zeitpunkt rückt näher, an dem die Heimkehr für jene, die nicht bereit sind, eine radikale Bewußtseinsveränderung vorzunehmen, beinahe unmöglich werden wird. Die Welt der Illusionen strebt ihrem Ende entgegen.

Unter allen Umständen mußt du alles daransetzen, dich an deine wirkliche Identität zu erinnern und dieses Wissen mit anderen Menschen zu teilen, die ebenfalls etwas anderes sind, als sie zu sein glauben.

Ich war wie gebannt. Sprachlos hörte ich ihm zu, und mein Herz schlug wie wild.

Es wird eine Heimkehr der Verlorenen geben. Spirituell balancierte Seelen, die zahllose Leben damit verbracht haben, nach dem verloren geglaubten Teil ihrer selbst in anderen zu suchen, werden zurückkehren.

Für diejenigen, die sich entschlossen haben, zu Gott und ins Paradies zurückzukehren, wird es keine Kriege, keine Krankheiten und kein Leid mehr geben. Innere Konflikte werden friedlich beigelegt. Millionen von Seelen auf der spirituellen und auf der irdischen Ebene sehen diesem Augenblick erwartungsvoll entgegen.

»Das Millennium...« Die Worte blieben mir auf den Lippen hängen.

Für dich geht es darum, den Schrottplatz deiner Vergangenheit aufzuräumen und anderen gefallenen Engeln dabei zu helfen, sich an ihre wahre Herkunft zu erinnern, genau wie du dich an deine wahre Herkunft erinnern wirst.

»Sind wir alle gefallene Engel? Befinden wir uns alle auf dem gleichen Niveau seelischen Wachstums?« wollte ich wissen.

Ihr seid alle gefallene Engel, selbst die unter euch, die sich wie Teufel verhalten. Jede Seele auf Erden kann und wird den Tod und die Wiederauferstehung erfahren, um in den Himmel zurückkehren zu können.

Ihr befindet euch auf unterschiedlichen Stufen der spirituellen Entwicklung. Zu Anfang wart ihr alle gleich. Der Fall aus der Gnade sorgte für die Unterschiede. Leben um Leben macht ihr entweder Fortschritte oder werdet in eurem Streben nach Heimkehr zurückgeworfen.

Die amerikanische Unabhängigkeitserklärung besagt, daß alle Menschen gleich geschaffen wurden. Doch nach unserem »Fall« mußten wir uns wohl auf unterschiedlichen Ebenen seelischer Restauration befinden, dachte ich mir.

Diejenigen, die in den Himmel zurückkehren wollen, werden rein zahlenmäßig zunehmen, während ihre Anziehungskraft für Frieden, Wahrheit, Liebe und Licht immer stärker wird. Ihr habt zwölf Jahre, um euch für das Millennium zu klären.

»Paul, was genau sollen wir klären?« fragte ich.

Ihr müßt euch eingestehen, wie sehr egozentrische Konzepte, selbstsüchtige Ideen, schmerzvolle Taten, harsche Worte und Perversionen des Verstandes euch in Dunkelheit und Trennung von Gott gehalten haben. Ein Imperativ für eure Heimkehr besteht in der Reinigung und dem Abschütteln von Verkleidungen und Masken, damit ihr erkennen könnt, wer ihr in Wirklichkeit seid: kostbare Kinder Gottes.

Klärung bedeutet, jene Gedanken und Handlungen zurückzuweisen, die den Einflüsterungen des Egos entstammen. Dies funktioniert nicht durch gelegentliche Meditationen, sporadische Gebete, spirituelle Enthüllungen oder momentane Linderung und auch nicht durch Gesang oder das Besuchen von Seminaren. Die Menschheit ist auf einer tiefen Ebene ihrer Seele erkrankt.

Zur Wende des Jahrtausends wird sich eine interdimensionale Pforte öffnen. Es wird einen bewußt wahrnehmbaren Schock geben, der eine deutliche Wirkung zeigen wird. Aus dem eigenen Inneren wird der Mensch den Ruf nach der Rückkehr zu seinem göttlichen Selbst vernehmen und seine Heimreise antreten. Der Preis für den Wiedereintritt durch diese Pforte besteht in der Klärung dessen, was für die Separation von unserem Schöpfer verantwortlich ist.

Eine letzte Antwort auf deine Frage nach der notwendigen Klärung: So wie ein Chirurg den Körper eines Patienten un-

tersucht, um jede krebsbefallene Zelle, die das Leben dieses Menschen zerstören könnte, zu finden und zu beseitigen; so wie ein Komponist seine Komposition bis in die letzte Note ausfeilt, um jede Dissonanz zu vermeiden; so muß die Menschheit sämtliche Barrieren und Hindernisse beseitigen und alle Familienangelegenheiten bereinigen, die einer Beziehung zu Gott im Wege stehen. Es ist an der Zeit, zu Gott zurückzukehren.

Mit diesen Worten endete die Meditation.

Kapitel 2

ERINNERN

Der Weg zum Gral ist der Weg zur wahren Identität.
— TREVOR RAVENSCRAFT
The Cup of Destiny: The Quest for the Grail.

Schwitzend und fiebernd fuhr ich von meinem Lager auf und eilte ins Bad. Während sich die Wanne füllte, zog ich mich aus und ließ mich dann in das kalte Wasser gleiten, das mir bald Linderung gewährte.

Ich hatte religiösen Fanatikern, die der Überzeugung waren, daß die Welt in Flammen aufgehen würde, weil die Menschheit zuviel sündigte und zu selten in die Kirche ging, noch nie geglaubt. Mein ganzes Leben lang habe ich die Genauigkeit apokalyptischer Prophezeiungen, wie die von Nostradamus, in Frage gestellt.

Die Gedanken jagten sich in meinem Kopf. In nüchternem Zustand läßt sich unser Verstand vielleicht mit einer Geschäftstagung vergleichen, bei der alle der Anwesenden zur gleichen Zeit das Wort ergreifen und durcheinanderreden;

mein Verstand jedoch rannte im Augenblick Amok. In meinem Hirn fand ein Countdown statt, und die Tagungsmitglieder waren auf der Suche nach einem Bunker, um sich dort zu verstecken. Ich blieb über eine Stunde in dem kalten Wasser – wenn meine Ionen überhandzunehmen drohen, hilft mir nur noch die Wanne.

Mir war klar, daß ich den letzten Flug von Birmingham nach Atlanta nicht mehr erreichen würde. Also rief ich meine Managerin an und bat sie, meine Flug- und Hotelreservierung zu ändern.

Dann zog ich mich an und machte mich auf den Weg in die Bücherei von Birmingham, um das Wort *Millennium* mit all seinen Konnotationen nachzuschlagen.

Seit Jahrhunderten haben Prediger auf der ganzen Welt Tod, Zerstörung und ewige Hölle für den Eintritt in das nächste Jahrtausend vorausgesagt. Sollte mein höheres Selbst in der Lage sein, so überlegte ich, sich die Gesamtheit der in den Verliesen der Bücherei zur Verfügung stehenden Daten zugänglich zu machen, so mußte es auch einen Weg geben, diese in einen objektiven Zusammenhang zu stellen.

Als ich die zwanzigste Straße hinabging, kam ich am spirituellen Epizentrum der Magischen Stadt, wie Birmingham auch genannt wird, vorbei, der Kathedrale der Church of the Advent. Dort hatte ich als Student und Teilzeitangestellter für eine der angesehensten Rechtsanwaltskanzleien in den Südstaaten meine Tage damit zugebracht, mich durch interessante Manuskripte zu wühlen und Bücher zu wälzen.

Ohne Umschweife begab ich mich in die enzyklopädische Abteilung und schlug in *Websters Dictionary* unter dem Wort *millennium* nach. Obwohl ich mich als unerschütterlichen Optimisten beschreiben würde, hatten die düsteren Prophezeiungen über das bevorstehende Ende der Welt mir doch so sehr zugesetzt, daß ich mich jetzt mit eigenen Augen davon überzeugen wollte, was das akademische Curriculum zu diesem Thema zu sagen hatte.

Millennium: die Vorherrschaft von Tugendhaftigkeit und großer Lebensfreude, einer perfekten Regierung und Freiheit von den Leiden und Unvollkommenheiten der menschlichen Existenz.

»Daran läßt sich nicht viel herummäkeln«, dachte ich laut.

Die *Encyclopaedia Britannica*, mein treuer Begleiter vom Kindergarten zur Promotion, behauptete, daß der Begriff Millennium innerhalb der christlichen Theologie einen Zeitraum von tausend Jahren definierte, während dessen Jesus Christus auf die Erde zurückkehren würde, um sein neues Königreich zu errichten.

Eine kürzlich überarbeitete Version der Heiligen Schrift definierte das Millennium in den Offenbarungen 20 als jenen Zeitabschnitt, in dem Satan besiegt und für die Dauer von tausend Jahren in eine tiefe Grube verbannt werden würde. Die Märtyrer würden wiederauferstehen und gemeinsam mit Christus die Herrschaft über das Millennium antreten. Satan selbst würde sich für kurze Zeit befreien können, doch in letzter Instanz besiegt werden, woraufhin sich alle Toten zum Jüngsten Gericht versammeln würden.

Stundenlang saß ich an einem kleinen Tisch und blätterte durch unzählige Bücher, die sich mit dem Jüngsten Gericht, dem Millennium, Holismus und Erlösung befaßten. Alles, was ich dort fand, waren Mythen und Meinungen. Ich selbst verspürte keinerlei Angst vor dem, was das kommende Millennium bringen würde, und in den Manuskripten fand sich nur wenig wirklich Fundiertes. Trotzdem fühlte ich mich leichter und freier als zu Beginn der Recherche. Was mich betraf, so hatte die Menschheit nicht umsonst Kriege, Seuchen, Unruhen und Naturkatastrophen überstanden – sollte das Millennium nur ruhig kommen...

Bevor ich die Bücher und Nachschlagewerke in die modrigen Archive der Bücherei zurücktrug, stieß ich in einem der Bücher auf ein Kapitel mit der Überschrift: *Die Hierarchie der Engel.* Seite für Seite blätterte ich das Buch durch und entdeckte, daß unter Engeln eine ausgeprägte Hierarchie zu bestehen schien, die auf der Tatsache beruhte, daß alle Engel ursprünglich den gleichen Ausgangspunkt hatten, durch ihre Hilfe bei der Lösung menschlicher Probleme und Krisen und durch ihren Dienst an der Menschheit jedoch in der Lage waren, sich in höhere Ebenen hinaufzuarbeiten.

Interessant, dachte ich, während ich die Bücher an ihren Platz zurückstellte. Ich warf einen Blick auf meine Uhr und sah, daß ich mich beeilen mußte.

Alles in allem überwog in mir nun das Gefühl, mein Leben selbst in der Hand zu haben und keinerlei negativen Einflüssen zu unterliegen, die ich nicht würde beeinflussen können. Ich verspürte den Wunsch, Kontakt mit Paul aufzunehmen, um herauszufinden, was er mit mir vorhatte und wohin er mich führen wollte.

Wieder in meinem Hotelzimmer angekommen, machte ich es mir bequem und begann mit leichten Atemübungen. Dabei stieß ich auf keinerlei Widerstände. Meine Augenlider wurden schwer, und meine Kiefer entspannten sich. In meinem Inneren wurde es ruhig; die Gedanken waren versiegt. Mein selbstkritischer Verstand war still geworden.

Bald darauf hatte ich den Ort erreicht, an dem ich Paul treffen konnte. Er ergriff zuerst das Wort.

Ich möchte all deine Verwirrung klären und dir dabei helfen, dich daran zu erinnern, was du immer gewußt, durch deine Identifikation mit Illusionen jedoch vergessen hast.

Ich spürte, wie mir bald vor Angst der Schweiß das Gesicht hinablief und mein Körper vor Fieber zu brennen schien. Trotzdem wollte ich genau erfahren, was er meinte. »Wirst du mir im Verlauf meiner Klärung Fragen beantworten?« fragte ich.

Ja. Doch wirst du dabei nichts lernen. Statt dessen wirst du dich erinnern, weil alles in dir begraben liegt. Je weiter deine Klärung fortschreitet, desto weniger wirst du unter Zweifeln und Selbstverleugnung zu leiden haben – den beiden Haupthindernissen auf dem Weg zu vollständiger Erinnerung. Es wird so einfach sein, als würdest du ein Kennwort in eine Datei eingeben und daraufhin Zugang zu allen Daten erhalten.

Ich fühlte mich mittlerweile zwar etwas wohler, doch meine Angst war noch nicht völlig verschwunden. Paul riet mir, alles und jeden in Frage zu stellen.

»Weshalb habe ich immer noch Angst vor dir?« fragte ich ihn.

Weil du Angst vor dir selbst hast. Seitdem du ein kleiner Junge warst, hast du intuitiv gewußt, daß das, was du sahst und hörtest, nicht die Wirklichkeit war. Erinnere dich an deine Kindheit. Schon damals wußtest du, daß die Realität, die man dir eintrichterte, eine Lüge war.

Diese Stimme ist unser alles wissendes Selbst. Es versuchte damals wie heute, dein Bewußtsein zu erreichen, um dir zu versichern, daß der Tag kommen wird, an dem du die Wahrheit erfahren wirst. Dieser Tag ist jetzt gekommen.

Mit einem Schlag erinnerte ich mich zurück an die Tage meiner Kindheit. Ich war mit zwei Klumpfüßen geboren worden und hatte über lange Zeit die Zuneigung und Aufmerksamkeit von Ärzten genossen. Als ich aus dem Krankenhaus entlassen wurde, um mit meinen Eltern und Geschwistern zu leben, hatte ich zunächst geglaubt, im falschen Haus gelandet zu sein. Wo waren meine Diener? Weshalb war meine Familie derartig arm? Ich wußte, daß dies nicht mein Leben war, und die Angst wurde zu meinem engsten Vertrauten.

Wie sich herausstellte, war ich jedoch in meinem richtigen Leben gelandet. Es ist immer noch mein Leben. Ein Leben, das mir dazu dient, meinem Karma zu begegnen: »Was du säst, das wirst du ernten!« In meinem Fall erntete ich zwei Brüder und drei Schwestern, die mich nicht leiden konnten; einen betrunkenen Vater, der mir nicht ein einziges Mal Mut zusprach, und eine überkritische Mutter, der ich nichts recht machen konnte.

Armut läßt sich überwinden, und so ist es auch geschehen. Das Christentum hat dich verfolgt und dir die tiefsten Narben hinterlassen. Die Folterkammer war am dunkelsten und fürchterlichsten während deines zehnten Lebensjahres. Eines kalten und verregneten Wintersonntags sagte der Pastor in der Parkview Baptist Church in Birmingham: »Heute nacht, noch bevor der Tag anbricht, wird einer von euch betrügerischen Sündern in die ewigen Flammen der Hölle fahren.« Aus Angst, du könntest derjenige sein, hast du damals die ganze Nacht wachgelegen. Deine Mutter hat den Priester schließlich zu euch ins Haus bestellt, damit er dir sagen konnte, daß nicht du zur Hölle fahren würdest.

»Wie sollen wir, die wir unseren Auftrag zur Klärung und Veränderung annehmen, in der Lage sein, derartig viele Menschen zu erreichen?«

Erlösung beginnt mit einem Menschen, der sein Wissen und seine Erfahrungen mit einem anderen teilt. Die Botschaft bewegt sich durch die Kraft des Lichtes weiter.

Paul hatte mir gesagt, daß es sich bei jedem Menschen auf Erden um einen gefallenen Engel handelte, der versuchte, nach Hause zurückzukehren. Ich hatte Schwierigkeiten, dies zu glauben, vor allem, weil auf unserem Planeten einige ausgesprochen düstere und gefährliche Exemplare der menschlichen Gattung existierten: Kriegstreiber, Zuhälter, selbstsüchtige und menschenverachtende Individuen hatten keinerlei Interesse an den Leiden der Unterprivilegierten. Paul mußte mir erklären, wie es möglich sein konnte, daß es sich auch bei diesen Menschen um Engel handelte.

Die Antwort auf deine Frage liegt in dir, Albert. Auch du hast Leben gelebt, die jenen, die du eben beschrieben hast, in nichts nachstehen. Trotzdem bist du heute dabei, anderen Menschen zu helfen. Das kosmische System karmischer Ge-

rechtigkeit und Gesetzmäßigkeit hat dir die Möglichkeit gegeben, in den Himmel zurückzukehren. Jetzt befindest du dich wieder auf dem Pfad, doch als Soldat in Frankreich hast du zum Beispiel eine ausgesprochen zerstörerische Existenz geführt. Ein weiteres Leben als Lehrer und Philosoph in Rußland war äußerst schändlich, und eines als Rechtsgelehrter in England war ausschließlich durch deine Selbstsucht geprägt. Wenn du ehrlich mit dir bist, wirst du in der Lage sein, dich an all diese Vorleben zu erinnern. Die Erinnerung daran liegt in dir.

Würdest du dich in diesem Augenblick an einem Ort der Erlösung befinden, hätte man dir bei deiner Rückkehr die Tür gewiesen?

Paul erklärte mir, daß jede gerettete Seele für ihre Fehler büßen mußte, indem sie Schattenblöcke zwischen sich und ihrer wahren Identität zu klären hatte. Bei Schattenblöcken handelt es sich um menschliche Verwirrungen, die geschlechtsunabhängig auftauchen, sobald eine Seele sich einen menschlichen Körper nimmt. Der Mensch weiß nicht, wie er mit dieser Teilung umgehen soll, und projiziert auf das jeweils andere Geschlecht all jene Dinge, deren er sich nicht als Teil seiner selbst bewußt ist.

So wie mich der Klang seiner Stimme zu Anfang überrascht hatte, konnte ich es jetzt kaum fassen, daß ich in der Lage war zu sehen, als habe jemand einen Fernsehapparat angestellt. Spirituelle Lehrer bezeichnen dieses Phänomen als die Öffnung des »dritten Auges«.

Als Paul aufgehört hatte zu sprechen, befand ich mich wieder in den Tagen meiner Schulzeit und blickte auf eine große Leinwand. Als Schüler hatte ich Angst vor den Vorlesungen gehabt und gefürchtet, in den folgenden Prüfungen zu versagen. Selbst in diesem veränderten Zustand meines Bewußtseins war mir der innere Frost meiner Schulzeit noch ohne weiteres zugänglich.

Auf der Leinwand vor meinen Augen spiegelte sich das Farbenspektrum meiner inneren Vision. Ich hörte Tonleitern, darüber rasten Buchstaben wie auf einem Computerterminal: PPPPPPrrrriiiinnnccciippiiuuum … PPrriinnccciippllee …

Die telepathische Verbindung wurde stärker, während sich die Abfolge der Buchstaben auf dem Monitor verlangsamte. Wie in der Grundschule begann ich zu lesen: »Prinzip. Principium, lateinisch; principe, französisch. Ein Prinzip oder eine Gesetzmäßigkeit, die einer Sache zugrunde liegt. Prinzipal, ein Lehrherr. Prinzipalität. Die Reihe der Engel, eine himmlische Hierarchie.«

Paul war der Lehrer meiner spirituellen Schule und erklärte mir meinen Lebensüberblick.

Willkommen, Albert, in der Schule der Erinnerung.
 Dein Wissen ist dir angeboren. In diesem Leben lernst du nichts Neues, keine Mathematik, keine Wissenschaften und nicht, wie man Auto fährt oder einen Computer benutzt. Du erinnerst dich lediglich daran.

Wie Lichtstrahlen schossen Erinnerungsblitze durch mein Bewußtsein.

»Heute in der Bibliothek habe ich ein Buch über die Hierarchie der Engel gesehen«, sagte ich.

Durch Telepathie wurdest du veranlaßt, in einer bestimmten Abteilung der Bibliothek nach diesem Werk zu suchen. Deine Neugier und intuitive Fähigkeit, diesen »Vorschlägen« zu folgen, haben das Restliche getan.

»Das passiert mir andauernd, besonders in Buchgeschäften und Bibliotheken. Sobald ich mich an etwas erinnere, materialisiert sich die entsprechende Quelle direkt vor meinen Augen.«

Paul fuhr fort, mir zu erklären, was am Anbeginn der Zeit geschehen war, als wir alle eins waren. Er erzählte mir, daß wir nach unserem Sturz von dieser Einheit getrennt wurden. Durch Jahrtausende und unzählige Lebenszeiten hatte der

Mensch vergessen, wer er wirklich war. Die ursprüngliche Bewußtseinsform war göttlicher Gedanke. Um körperliche Formen wahrnehmen zu können, mußte eine konstante Schwingung erzeugt und gehalten werden. Von allen Dimensionen und Galaxien verfügte die Erde über die niedrigste Schwingung. Paul sagte außerdem, daß die menschliche Wahrnehmung der eigenen Schwingung entspreche – es sei denn, jemand durchbricht die Barrieren seines Egos, verweist den Verstand an seinen Platz und verbindet sich durch sein höheres Selbst mit der ewigen Wahrheit.

Ursache für diese innere Trennung war eine Revolte im Himmel, und seither versuchten alle Menschen, den Zustand ihrer ehemaligen Unteilbarkeit wiederzuerreichen. Vor dem Anbruch des Millenniums soll nun die Klärung erfolgen, und wir dürfen uns auf keinen Fall durch Angst von dieser Klärung abhalten lassen. Unser Ego versucht uns einzureden, daß das höhere Selbst gekommen sei, um uns zu schaden. In Wirklichkeit leitet es uns und motiviert uns bei der Klärung unserer persönlichen Angelegenheiten voranzukommen.

In diesem Augenblick wurde der Raum von energetisierender Musik erfüllt, und ich war in der Lage, Zeit und Raum zu transzendieren. Frieden, Liebe und Schönheit gleichermaßen waren dabei, mich zu verzehren und aufzunehmen. Blitze leuchteten auf, farbige Kaskaden rasten durch mein Bewußtsein, bis ich mich in einem Zustand vollkommener Ekstase befand.

So wird es nach deiner Klärung aussehen, wenn du dich den Pforten des Millenniums näherst. Ton und Licht gemeinsam werden dich mit deiner wahren Existenz verbinden – einer Kraft, die mächtiger ist als du selbst.

Da es Menschen gibt, die den dunkelsten Aspekten des Daseins dienen – der Separation von Gott –, wird eine Resonanz entstehen, die vom Himmel aus gesteuert wird.

Danach muß jeder Mensch für sich entscheiden, ob er heimkehren will oder nicht. All jene Seelen, die wieder in den Bereich der Engel zurückkehren wollen, werden gemeinsam eine Schwingung erzeugen, die diese Heimkehr ermöglicht. Die Höhe und der Klang dieser Schwingung wird den gefallenen Engeln ermöglichen zu erkennen, wer sie in Wirklichkeit sind: perfekte Kinder Gottes.

Deine Welt ist fasziniert von Geheimnissen und verborgenen Schätzen. Deine Mitmenschen versuchen, die alten Chroniken auszugraben und den Heiligen Gral zu finden. Sie wären besser bedient, wenn sie sich die Frage stellen würden: »Wer bin ich, und was tue ich, um der Menschheit zu dienen?«

»Jetzt fällt mir ein, wo die alten Chroniken vergraben sind. Ich bin oft in Ägypten gewesen, unter anderem in der Hoffnung, dort einen Hinweis auf den Aufenthaltsort dieser Chroniken zu finden, die uns ein für alle Mal erklären werden, woher wir kommen. Bei uns auf der Erde kursieren eine Menge Bücher, die behaupten, daß wir von Außerirdischen abstammen und kolonisiert wurden. In den alten Chroniken wird angeblich endgültig die Frage unserer Abstammung beantwortet«, sagte ich.

Die armseligen Grundvoraussetzungen unseres Planeten für eine erfolgreiche Evolution lassen es eher unwahrscheinlich erscheinen, daß die Erde von suprabewußten Außerirdischen kultiviert wurde. Um heimzukehren, mußt du wissen, daß die alten Chroniken des ewigen Wissens – woher du stammst und wohin du zurückkehren mußt – in dir selbst verborgen liegen und nicht unter der linken Pfote der Sphinx oder auf einem entlegenen Berggipfel. Dein Guru hat dir die Sufi-Legende über die Schöpfung und den Aufenthaltsort Gottes erzählt. Die alten Chroniken befinden sich am selben Ort, an dem Gott wohnt: im Inneren des Menschen.

»In Ägypten und Griechenland werden in den Amphitheatern im Schatten der Sphinx und der Cheopspyramide, in den Tempelanlagen Luxors und auf der Akropolis Licht- und Klangspiele aufgeführt. Können uns diese Vorführungen von Licht und Klang bei der Klärung behilflich sein?« fragte ich.

Klang- und Lichtspiele helfen dir bei der Erinnerung an dein Vorleben und ermöglichen es dir, dich mit bestimmten Ereignissen in deiner Vergangenheit erneut in Verbindung zu setzen. Durch die Harmonik werden Geheimnisse enthüllt. Wie ein schlafender Riese erwacht dein Unbewußtes, um dich auf die Kontinuität deiner Leben und deiner Aufgabe in diesem Leben hinzuweisen.

Höre auf den Klang und die Resonanz, die andere Menschen erzeugen, und betrachte dann die Aura des Betreffenden. Am Klang und Licht eines Menschen wirst du erkennen, wer derjenige ist und wie weit er von den Pforten des Himmels entfernt steht.

Du bist immer gewesen und wirst immer sein. Du bist Teil des wunderbaren Bestrebens, diesem Planeten bei der Rückkehr zu Gott zu helfen, und du bist ebenfalls an der Entstehung von Umweltverschmutzung, Gier, Armut, Rassismus, Manipulation, Kriegstreiberei und anderen schrecklichen Taten beteiligt gewesen, die dazu beigetragen haben, diesen Planeten in Dunkelheit zu hüllen.

»Können wir uns aufgrund der Tonlage und Resonanz einer menschlichen Stimme von dem Betreffenden angezogen oder abgestoßen fühlten?« fragte ich.

Ja. Du brauchst nichts über einen Menschen zu wissen. Der Klang seiner Stimme allein reicht aus, um sich von ihm angezogen zu fühlen oder vor ihm Reißaus zu nehmen. Alle Führer dieser Welt verfügen über eine besondere Resonanz der Stimme. Viele benutzen ihre Stimme zur Herbeiführung positiver Resultate. Schauspieler, Lehrer, Politiker, Unternehmer und Minister überzeugen täglich ihr Publikum. Einige, wie Adolf Hitler, Benito Mussolini und Josef Stalin, haben sich dabei der Botschaft der Dunkelheit ergeben.

Zwischen der Hierarchie der Engel und euren militärischen Rängen bestehen Gemeinsamkeiten. Je höher der Rang, desto größer das Maß der Verantwortung, die der Rangträger übernehmen muß.

Vor meinem inneren Auge erschien die Reihenfolge der himmlischen Hierarchie.

Stufe eins:	Engel
Stufe zwei:	Erzengel
Stufe drei:	Fürstentum
Stufe vier:	Mächte
Stufe fünf:	Tugenden
Stufe sechs:	Herrschaft
Stufe sieben:	Thron
Stufe acht:	Cherub/Seraph

Dies ist eine Landkarte, die dir bei deiner Klärung und Heimkehr behilflich sein wird und mit deren Hilfe du feststellen kannst, welche Dinge für dich nicht länger funktionieren.

Jedesmal, wenn du auf die Erde zurückkehrst, um den Zustand deiner Seele für den Wiedereintritt in den Himmel zu verbessern, kannst du dort ansetzen, wo du das letzte Mal aufgehört hast. Du mußt nicht jedesmal wieder von vorn beginnen.

Ist das klar, Albert?

»Ja. Es beruhigt mich, daß es auf dem Weg in den Himmel aufeinander aufbauende Stufen gibt. Der Abgrund der Trennung scheint dadurch nicht ganz so tief und unüberwindbar«, antwortete ich.

Paul klärte mich über einen meiner Hauptirrtümer in bezug auf die himmlische Hierarchie auf. Ihr Zweck bestand darin, einer Seele nach ihrer Rückkehr die Möglichkeit einer bewußten Entscheidung für Gott und gegen die Verlockungen und Lügen der Ego-orientierten Welt zu geben. Wenn die Seele nach dem Tod des Körpers diese Welt verläßt, geht sie in eine Dimension ein, die ihrem Entwicklungsstand und Grad der Klärung auf der Erde entspricht. In der Welt der Engel gab es ebenso Entgiftungsstationen wie hier: »Wie im Himmel, so auf Erden.«

Paul führte aus, daß die erste Stufe für alle Engel bestimmt sei. Jeder gefallene Engel auf seinem Weg zurück zu Gott beginnt auf Stufe eins. Reinkarnierte Seelen verbleiben nach dem Leben auf dieser Ebene, bis sich eine deutlich spürbare Transformation von Ego-kontrolliertem Bewußtsein zur bewußten Verbindung mit Gott bemerkbar macht. Paul erklärte, daß eine Seele auf der Erde durch die üblen Tricks des Egos beständig der Gefahr ausgesetzt sei, vom Pfad ihrer himmlischen Bestimmung abzuweichen. Während seines Aufenthalts auf der Erde ist kein Mensch frei von seinem Ego, egal auf welcher Stufe der Hierarchie er sich befindet. Die spirituelle Erfahrung sorgt für das Erreichen der nächsten Stufe. Gott existiert, und Gott wird am Ende gewinnen. Gott schuf die Möglichkeit, sich von ihm zu entfernen und in kreatürlichen Annehmlichkeiten zu schwelgen. Hat der Mensch genug davon, beginnt er seinen Aufstieg zurück zu Gott.

Paul teilte mir mit, daß die alten Initiationsschulen den gleichen Zweck erfüllten wie die Hierarchie der Engel: gefallenen Engeln den Weg nach Hause zu weisen.

Treffen sich Seelen auf der ersten Stufe, sind sie in der Lage, mühelos miteinander zu kommunizieren. Sie kommen ausschließlich in den Genuß der Privilegien, die sie sich durch ihren Grad der Klärung erworben haben. Auf der ersten Stufe befinden sich mehr Seelen als auf allen anderen Ebenen der himmlischen Hierarchie.

Paul versicherte mir, daß jeder von uns auf der Erde das Beste für die Entwicklung seiner Seele tut. Unser ursprüngliches

Geburtsrecht ist das der Perfektion, ohne Doktrin oder Separation. Nach unserem Fall gibt es zwar Fortschritt und Verbesserung, jedoch keine Perfektion. Deshalb verläuft unsere Rückkehr zu Gott stufenweise und nicht in einem einzigen großen Schritt.

Miteinander in Konflikt stehende Wünsche sorgen dafür, daß eine Seele für die Dauer von mehreren Inkarnationen auf der ersten Stufe verweilt: die Freiheit des Himmels gegen die Gefangenschaft durch irdische Belange. Auf dieser Stufe ist der Konflikt am stärksten ausgeprägt und braucht am längsten; es werden mehr Leben benötigt, um auf die zweite Stufe der himmlischen Hierarchie zu gelangen.

Engel verfügen über die Kraft, Menschen zu inspirieren und zu trösten. Ist jemand deprimiert, so hebt himmlische Schwingung den Trauerschleier und bringt Hoffnung und Trost. Engel erweichen harte Herzen und beschleunigen den Umwandlungsprozeß von Egozentrik zu wahrer Identität. Sie werfen Licht auf den dunkel gewordenen Pfad und weisen den Weg zu den Himmelspforten.

Die zweite Stufe ist den Erzengeln vorbehalten, die oft genug zurückgekehrt sind und sich vor den Fallstricken des Egos zu hüten wissen. Es gehört zu den Standardtricks des Egos, eine Seele, die sich um Klärung bemüht, zu verunsichern und zu verwirren. Das Ego beschuldigt und beschämt andere und projiziert seine eigene Unzulänglichkeit auf sein Gegenüber. Wie die Engel, so müssen auch die Erzengel ihr Ego oft genug konfrontiert und entblößt haben, um ihre Transformation zum kostbaren Gottkind vollziehen zu können, bevor sie auf diese Ebene der himmlischen Hierarchie zurückkehren.

Engel aller Stufen tauchen sowohl in menschlicher als auch in nichtphysischer Gestalt auf. Sie besuchen die Menschheit in gefährlichen Zeiten, um ihr zu helfen, und stehen auf telepathische Weise nicht nur dem einzelnen bei, sondern helfen auch bei Entscheidungen von weltumspannender Tragweite. Der Geist eines Engels kann sich jedoch ebenso in einer menschlichen Form zeigen und trotzdem mit allen Qualitäten und Kräften einer bestimmten Stufe der himmlischen Hierarchie ausgestattet sein und diese benutzen, um in den Himmel zurückzukehren.

Viele Menschen verwechseln Engel und Erzengel bei ihrem Erscheinen, da zwischen ihren Verhaltensweisen nur kaum wahrnehmbare Unterschiede bestehen. Beide stehen im Dienst der Menschheit und werden in Notfällen herbeigerufen: bei Unfällen, Bedrohungen durch andere, mentalen Angriffen oder sonstigen Verletzungen.

Auf welche Weise auch immer Engel von den Menschen wahrgenommen werden, die Klärung der zweiten Stufe verlangt eine deutliche Fokussierung der Intention: die Seelen heimführen zu wollen.

Erzengel stehen über Engeln und sind Pilgern dabei behilflich, auf die erste Stufe der himmlischen Hierarchie zurückzukehren. Als ich Paul fragte, über welche zusätzlichen Kräfte Erzengel verfügten, antwortete er, daß sie über die Gabe einer Übertragung durch Schwingungen verfügten, die ökonomische Verhältnisse verändern und den Ausgang von kriegerischen Auseinandersetzungen beeinflussen können. Erzengel sind die Hüter einer Anziehungskraft für Engel, die diesen bei der notwendigen Klärung zur Erreichung der zweiten Stufe behilflich ist.

Auf der dritten Stufe befinden sich ehemalige Engel und Erzengel, die ihren Einflußbereich ausgebaut haben, indem sie mehr Verantwortung für die Heimkehr anderer übernehmen:

Denn das Himmelsreich gleicht einem Mann, der in ferne Länder reist und seine Diener ruft, um seine Güter unter ihnen zu verteilen.

Und dem einen gab er fünf Talente, dem anderen zwei und dem nächsten nur eines; jedem nach dessen eigener Fähigkeit; und setzte seine Reise geradewegs fort. (Matthäus 25: 14-15)

Dem Diener, der etwas mit seinen Talenten anfing, verlieh Gott weitere Talente. Und jenem, der nichts damit anfing, wurden sie wieder genommen. Je weiter das Wachstum der Seele fortschreitet, desto größer wird auch ihre Verantwortung und Handlungsfähigkeit auf dem Weg zur dritten Stufe der himmlischen Hierarchie. Viele öffentliche Vertreter, Schriftsteller und Lehrer sind für die dritte Stufe qualifiziert. Eine von dreitausend Seelen auf der Erde befindet sich auf dieser Stufe.

Eine Warnung für die Seele: Achten Sie genau darauf, wer sich in Ihrer Einflußsphäre aufhält! Jene Menschen, mit denen Sie sich von Grund auf sicher und vertraut fühlen und die Ihre Sätze für Sie zu Ende sprechen könnten, befinden sich höchstwahrscheinlich auch auf Ihrem Bewußtseinsstand. Üben Sie sich in kritischem Urteilsvermögen und Diskretion. Seelen der unterschiedlichsten Entwicklungsstufen suchen und finden einander. Es gibt allerdings ebenfalls Seelen, die sich vom Prana der auf höheren Ebenen befindlichen Seelen zu ernähren suchen. Lassen Sie sich auf keinen Fall zu Ihrem eigenen Nachteil verpflichten.

Solche Seelen sind als Trödler, Falschredner und Robotoide bekannt, die ihre Heimkehr nie angetreten haben und deren Schwingung so niedrig, deren seelische Entwicklung so gehemmt ist, daß sie den Himmel vielleicht niemals erreichen werden. Diese Seelen ernähren sich von anderen. Sie bedürfen unseres Mitgefühls und unserer Zuwendung durch Gebet, aber nicht des Zugangs in unsere Aura. Trödler, Falschredner und Robotoide befinden sich auf der unbewußtesten Ebene der Ego-Hypnose.

Jeder von uns wählt den Zeitpunkt seiner Wiedergeburt und sucht sich auch seine karmischen Aufgaben selbst aus. Deshalb sollten Sie kein Selbstmitleid hegen. Alles, was uns widerfährt, ist von uns selbst vorprogrammiert worden. Das astrologische Horoskop zum Zeitpunkt der Geburt eines Menschen gibt Auskunft darüber, was seiner Seele in diesem Leben bevorsteht und wann es sich zutragen wird.

Jede verlorene Seele trägt in sich die Qualifikation, wieder in den Himmel zurückzukehren. Wie ein Kind seine Schulausbildung in der ersten Klasse beginnt, so müssen alle Seelen auf der ersten Stufe der himmlischen Hierarchie beginnen. Mit zunehmender Reifung der Seele und Erinnerung an die Natur der wirklichen Essenz des Menschen – durch Gedanken und Handlungen – erklimmt jeder die acht Stufen, um nach Hause zu gelangen.

Die aufeinander aufbauenden Stufen der himmlischen Hierarchie verfeinern die Seele und sorgen dafür, daß sie sich mehr nach Gott sehnt als nach allen irdischen Verlockungen. Engel befinden sich nicht im Wettbewerb miteinander und haben kein Verlangen, andere zu kontrollieren und sich über sie zu stellen, um Autorität auszuüben. Der Wunsch, besser zu sein als andere, ist eine irdische Perversion. Die Engel aller Stufen dienen einzig und allein der Heimführung der Menschheit.

Die vierte Stufe, die Stufe der Kräfte, ist all denen vorbehalten, die über Überzeugungskraft verfügen und diese verantwortlich anzuwenden wissen, um eine große Anzahl von Menschen zum Handeln zu bewegen, damit sie sich wieder mit ihrem ursprünglichen Selbst verbinden können. Auf dieser Stufe befinden sich spirituelle Lehrer, Wissenschaftler, Führer von Weltrang, Staatsoberhäupter und qualifiziertere Seelen aus dem Unterhaltungsgeschäft, Athleten und Vertreter der unterschiedlichen Regierungen.

Als ich Paul daran erinnerte, daß einige dieser Leute gierig und manipulativ sind und anderen Menschen Leid angetan haben, beseitigte er meine Zweifel an ihrer Aufenthaltsberechtigung auf der vierten Stufe mit einer einfachen Erklärung. Er führte aus, daß diese Seelen in einem folgenden Leben auf eine darunterliegende Stufe zurückkehren müßten, um dort für ihre Gedanken und Handlungen zu büßen. *In diesem Leben ein König, im nächsten ein Diener*. Reiche Männer kommen als Diener zurück, bis sie lernen, daß niemand auf der Welt der ist, der er zu sein scheint. Der Mensch ist weder Herrscher noch Untertan. Er ist ein kostbares Kind Gottes.

Ich selbst bin der Überzeugung, daß zu den auf der vierten Stufe befindlichen Menschen folgende Persönlichkeiten gehören: Anwar Sadat, Jehan Sadat, Menachem Begin, Jimmy Carter, Nikola Teslar, Shirley MacLaine, Mahatma Gandhi, Helen Keller, Eleanor Roosevelt, Joe Montana, Indira Gandhi, Swami Swahananda, Mutter Theresa, Larry Dossey, Montserrat Caballè, Albert Einstein, Katherine Kuhlman, Jackie Robinson und Elisabeth Kübler-Ross.

Wenn ich einen Menschen anschaue, sehe ich seine Aura und weiß, an welcher Stelle seiner spirituellen Evolution er sich befindet. Die Essenz jeder Seele wird durch die Resonanz der menschlichen Stimme und die Brillanz des ihn umgebenden Lichtes bestimmt. Um festzustellen, auf welcher Stufe der himmlischen Hierarchie sich jemand befindet, wird vor allem die Lichtessenz, das aurische Feld, betrachtet.

Paul erklärte mir, daß die Stufen fünf bis acht für irdische Wesen bis zum heutigen Tage unerreichbar gewesen sind. In der Vergangenheit standen sie jedoch in unmittelbarer Verbindung mit den in anderen Galaxien und Sphären stattfindenden Entwicklungen der Seele. Angesichts des herannahenden Millenniums wird sich die Schwingung auf der Erde jedoch erhöhen, und der Wunsch des Menschen nach Heimkehr wird so stark werden, daß es ihm möglich sein wird, die achte Stufe zu erreichen.

Kehrt jemand auf eine bestimmte Stufe zurück, um dort zu dienen, besteht keine Garantie auf Erfolg. Zu jeder Zeit kann das Ego den Lebenspfad eines Menschen kontaminieren und ihn zurückwerfen.

Perversionen des Verstandes wie Ruhm, Reichtum, Arroganz und Macht sind die Kardinalpunkte menschlicher Korruption. Viele von ihnen kehren mit großen spirituellen Ambitionen auf eine Stufe zurück, um sich dann doch von der Versuchung überwinden zu lassen.

Die verschiedenen Stufen der Heimkehr sind einfacher zu verstehen, wenn man sie mit einer Reise hier auf der Erde vergleicht, die an einem Ausgangspunkt beginnt und sich mehrere tausend Kilometer fortsetzt, unter anderem mit dem Wagen, dem Flugzeug, manchmal auf einem Schiff und dann wieder mit einem Wagen, bis das Ziel schließlich erreicht ist. Auch auf seiner Reise zu Gott bewegt der Mensch sich durch Abschnitte und Etappen.

Bestimmten Menschen, denen Sie auf Ihrem Lebensweg begegnen, fühlen Sie sich augenblicklich verbunden, da Sie über das gleiche Maß an seelischer Klärung verfügen – Ihre Harmonik ist identisch.

Paul erinnnerte mich ebenfalls daran, daß wir nur Zugang zu Informationen haben, die auf unserer eigenen Verständnisebene liegen und für die wir uns durch seelisches Wachstum qualifiziert haben.

Viele religiöse Menschen auf der Erde bezeichnen den Heimweg zu Gott als Jakobsleiter. Ich habe dir die aufsteigende Reihenfolge der Stufen zurück zu Gott genannt.

Du unternimmst einen Quantensprung zurück an den Anfang der Zeit, und aus deinem Unterbewußtsein heraus hast du Zugang zu allem, was ein jeder je getan oder unterlassen hat. Wir aktivieren Erinnerung, die dir erlauben wird, deinen Auftrag auszufüllen.

Bei der Ansicht eines globalen Familienalbums sah ich, wie die Geschichte der Welt vor meinen Augen abgespielt wurde. Phalangen von Soldaten bewegten sich im Ägypten der Pharaonen durch dichte Sandstürme. Römische Senatoren stritten sich in zerbröckelnden Tempeln, während das Reich der Cäsaren zusammenbrach. In meinem Kopf spielten Symphonien. Zwischen Panzern und Explosionen sah ich Matisse und Monet; Alexander den Großen bei seinen Siegeszügen und Napoleon Bonaparte, wie er geschlagen wurde, so als handele es sich dabei um einen Kinofilm. Das Grauen von Hiroshima und Vietnam erfüllte mich mit Trauer.

Es gab unbeschwerte, komische Momente wie bei Theaterstücken oder Sportveranstaltungen. Die Bilder bewegten sich zu schnell, doch erkannte ich einige der Szenen wieder und verstand, weshalb sich Dinge ereigneten. Ich war erschöpft und gleichzeitig erregt, als ich merkte, daß ich mich auf beiden Seiten des Schlachtfeldes befunden, als Senator im Kongreß gestritten, Bilder gemalt und Musik geschrieben hatte sowie ein Parvenü und Narr und integres Staatsoberhaupt gewesen war. Über den Tod und die Zerstörung, die ich in meinem als selbstsüchtiger Manipulator verbrachten Leben verursacht hatte, empfand ich starke Reue.

Langsam erwachte ich auf meinem Bett, so wie ein Tiefseetaucher vorsichtig an die Oberfläche zurückkehrt. Mein Gesicht war naß von den Tränen, die ich beim Anblick der letzten Montage von Ereignissen aus meinen Vorleben geweint hatte. Ich streckte mich, gähnte und sprang aus dem Bett. Mit einem Griff zum Telefon verabredete ich mich mit einem Klienten um acht im Highlands Bar & Grill. Ich wollte einmal sehen, was Herr Skepsis persönlich zu diesen neuen Informationen zu sagen hatte.

Kapitel 3

WIEDERTRÄUMEN

Erzählt mir nicht, daß das Leben nur ein bedeutungsloser Traum sei. Denn die Seele, die schläft, ist eine tote Seele. Und nichts ist, was es zu sein scheint.
– Henry Wadsworth Longfellow
»Psalm des Lebens«

Ich hatte mich mit Rick zum Abendessen verabredet. Rick war ein Mittvierziger, Manager bei einem großen Konzern, und er wollte an der bevorstehenden Reise nach Ägypten teilnehmen. Das Highlands Bar & Grill war eines der teuersten Restaurants in Birmingham. Hier traf man die Playboys von Mountain Brooks ebenso wie ihre Ehefrauen und deren Anwälte, mit denen sie bei Krabbenfrikadellen die Scheidung besprachen.

Wie beinahe jede andere Stadt in den Vereinigten Staaten, so verfügt auch Birmingham über eine exklusive Gegend, in der am liebsten jeder wohnen möchte. Die zwölf Quadratkilometer von Mountain Brooks gehören zu den schönsten Stadtvierteln in ganz Nordamerika.

Rick und ich trafen zur gleichen Zeit am Restaurant ein, also übten wir uns in der bekannten Südstaaten-Höflichkeit und ließen einander beim Betreten des Lokals den Vortritt: »Alter vor Schönheit« und »Geld vor Stammbaum« lauteten unsere scherzhaften Floskeln. Unser Tisch war schon bereit; wir bestellten teures Mineralwasser und dazu Miniaturvorspeisen, die ein Vermögen kosteten.

Nach ein paar Schluck des teuren Wassers und nachdem wir die Gänseleberpastete von unseren Fingern geleckt hatten, unterhielten wir uns eine Weile über Ägypten. Ich empfahl Rick, sich ein verschreibungspflichtiges Mittel gegen Durchfall und ein Spray gegen Moskitos zu kaufen, zudem nur lange Beinbekleidung mitzunehmen, und bereitete ihn auch sonst nach bestem Wissen auf das Reisen in einem der interessantesten, wenn auch unwegsamsten Länder der Welt vor.

Dann erkundigte ich mich bei ihm, woher seiner Ansicht nach meine Informationen bei unseren astrologischen Sitzungen stammen würden.

»Darüber habe ich noch nie nachgedacht«, antwortete er. »Ich schätze, du verfügst über ein fundiertes Wissen, aus dem du mein Horoskop ableitest.«

»Schön und gut, aber ein wenig mehr muß schon dahinterstecken, glaubst du nicht? Du weißt, daß ich meine Intuition verwende, wenn ich arbeite. Woher kommt die Intuition?« wollte ich wissen.

»Du bist ein Medium. Irgendeine andere Wesenheit spricht durch dich hindurch«, antwortete er.

»Da irrst du dich gewaltig. Ich stehe in Verbindung mit einer Quelle, aber nicht mit einer Wesenheit. Ich glaube nicht an Medien. Wer Menschen berät, sollte selbst Verantwortung für das Gesagte übernehmen«, erklärte ich unumwunden.

Falls ich einen einzigen Abdruck im Sand der Zeit hinterlassen sollte, so wird man darin vermutlich die Worte lesen können: Gebt eure Kraft nicht an andere ab! Wir sind nur allzu schnell bereit, anderen mehr Wissen und Autorität zuzugestehen, ohne diese jemals zu hinterfragen.

Rick schaute verwirrt und niedergeschlagen drein, als habe er bei einem wichtigen Test die falsche Antwort gegeben. Ich legte meine Hand auf seine Schulter, um ihn zu trösten.

»Tut mir leid, Rick. Ich habe auf deine Worte stärker reagiert, als notwendig war. Mir ist heute etwas gleichzeitig Seltsames und Wunderbares zugestoßen, und ich muß mit jemanden darüber sprechen. Ich bin neugierig, was du von der ganzen Sache hältst«, sagte ich.

Ich berichtete Rick von meiner Verbindung mit Paul, was er zu mir gesagt hatte und wie treffsicher er dabei gewesen war.

Rick nickte und zuckte mit den Schultern, sagte jedoch kein Wort. Ich fügte hinzu, daß es für mich nicht den Schatten eines Zweifels an der von Paul erhaltenen Information gäbe. Doch war es schwierig für mich zu beschreiben, was Paul für mich darstellte. Einen Einfluß auf mich, der aus mir stammte und keine von mir getrennte Entität darstellte. Rick half mir mit seinen Einsichten:

»Ich habe kein Problem damit, daß jemand eine Inspirationsquelle benutzt. Der Grund dafür, daß ich mich mit dir überhaupt verabredet habe, besteht – abgesehen davon, daß einige meiner Freunde dich empfahlen – darin, daß ich letztes Jahr einen Vortrag von dir besucht habe, in dessen Verlauf du die Astrologie als eine Art Straßenkarte für unser Leben auf der Erde dargestellt hast und nicht als festgelegten, unveränderlichen prophetischen Ausdruck unseres Schicksals. Was ich mit meinem Leben anfange, bestimme ich und nicht etwa mein Horoskop.«

Rick wollte über das Millennium reden und erzählte mir, daß auch er seit Jahren von Predigern hörte, wie die Welt zugrunde gehen und daß Christus nach Jahrhunderten der Kriege, Hungersnöte und Seuchen wieder auf die Erde zurückkehren würde. Diese Feuer-und-Schwefel-Philosophie habe ihn schließlich dazu veranlaßt, sich von der Religion abzuwenden und sich mit Metaphysik und Spiritualität zu befassen, »obwohl es in diesen Bereichen mindestens ebenso viele Spinner gibt wie in den großen Religionen«, fügte er hinzu.

Er fragte mich, wie meiner Ansicht nach das kommende Millennium ausschauen würde.

»Mein inneres Barometer sagt mir, daß eine Bewußtseinsverlagerung stattfinden wird, die die Welt für immer verändern wird. Der Mensch wird sein bisher ignoriertes Bewußtsein über die Natur seines wahren Selbst transformieren und so zurück zu Gott finden.

Es kann durchaus sein, daß Tod und Zerstörung dazugehören, aber es wird seit Jahrhunderten gestorben, und wir sind immer von Katastrophen und Plagen heimgesucht worden. Ich habe gehört, daß jeder Mensch, der ein großes Erdbeben, eine Flut, Feuer oder Krieg überlebt hat, sich vor nichts mehr fürchtet. Das Millennium wird ein Erwachen bringen und eine Gelegenheit, all die Dinge, die uns voneinander trennen, zu überwinden und zu integrieren. Ich freue mich auf diese Aussichten«, sagte ich.

»Was ist deiner Meinung nach unter Klärung zu verstehen?« fragte Rick.

»Weniger derjenige zu sein, für den ich mich halte, und mehr derjenige, als den Gott mich erschaffen hat«, antwortete ich.

Nach dem Essen begleitete mich Rick die zwei Häuserblöcke zu meinem Hotel. Ein feuchter Dunst bedeckte unsere Kleidung wie Morgentau. Ich nahm den Aufzug und kehrte in mein Zimmer zurück. Eine Mitteilung unter der Tür bestätigte meine Reservierung im San-Ysidro-Ranch-Hotel in Montecito, Kalifornien.

Sobald ich mich ins Bett gelegt hatte, begann ich mich zu entspannen. Ich atmete tief ein und achtete darauf, die Luft vollständig wieder auszuatmen. Und gerade als würde ich in ein altes Territorium zurückkehren, näherte ich mich wieder meinem vorherigen Zustand. Eine vertraute Stimme begrüßte mich, während ich mich vollständig entspannte.

Der nächste Schritt auf dem Weg zur Erinnerung: Weshalb träumst du? Wie interpretierst du deine Träume? Du hältst einen Traum für real. Träume sind tatsächlich real; dein

Wachzustand ist es nicht: Träume haben ein Eigenleben und stellen Hilfsmittel bei der Lösung von Lebensfragen und Problemen dar.

Und wie ein Computer, der ab- und wieder angeschaltet worden war, kehrte mein Bewußtsein auf einem Technicolor-Bildschirm wieder. Ich konnte erneut mit eigenen Augen sehen, was Paul beschrieb, während er mir erklärte, wie ich mich an meine Träume erinnern konnte. Vom Augenblick der Öffnung meines dritten Auges an war ich in der Lage, während meiner Meditationen zu sehen und zu hören.

In Wirklichkeit sind Träume Teil eines anderen Lebens in einer anderen Dimension. Außer der Erde existieren in unserer Galaxie noch andere Welten. Die Schwingung dieser Welten ist schneller und höher als die der Erde, so daß eure Wissenschaftler nicht in der Lage sind, sie zu entdecken.

Träume sind raum- und zeitübergreifende Realitäten. Es kann sich dabei um Aspekte eines Vorlebens oder einer zukünftigen Existenz handeln, die durch die Limitationen des Egos nicht als solche verstanden werden: Nachdem du ein Leben gelebt hast, verläßt du die Erde bzw. du stirbst, wie ihr es nennt, und wirst wiedergeboren. In Wahrheit jedoch bist du gleichzeitig in viele Leben in ebenso vielen Dimensionen involviert.

»Handelt es sich dabei um das, was manche von uns Parallel-Leben nennen?« fragte ich.

Richtig. Träume sind Seinszustände, die dazu dienen, auf notwendige Korrekturen in Denken und Handeln hinzuweisen. Der Traumzustand ist eine zusätzliche Möglichkeit, sich zu erinnern. Im Schlaf ist der Mensch von seiner geschäftigen und hektischen Alltagswelt abgeschnitten. Er ist in der Lage, bessere Entscheidungen zu treffen, genauso wie in der Meditation.

»Kannst du mir ein Beispiel für den direkten Nutzen von Träumen geben?« fragte ich.

Symbole, Zeichen und Empfindungen beeinflussen die Ereignisse, wenn wir aus einem Traum erwachen. Bestimmte Dinge deuten auf bestimmte Lebensbereiche hin, die besonderer Aufmerksamkeit bedürfen.

Träumen wir z. B. von Wasser, so ist das immer als Aufforderung zu verstehen, den emotionalen Körper näher in Augenschein zu nehmen. Gewässer, Überflutungen, Stürme – jeder Traum, in dem Wasser eine zentrale Rolle spielt, versucht, feststeckende Emotionen freizuspülen und unterdrückte Spannungen abzubauen.

Ist das Wasser von dunkler Farbe und gefährlich, werden Emotionen durch den Filter von Angst und innerer Unruhe wahrgenommen. Schwimmt der Träumer in klarem und ruhigem Wasser, bewegen sich seine Emotionen in einem positiven Umfeld. Haie oder Schlangen können auf eine Störung im Unbewußten hindeuten. In jedem Traum gibt es Hinweise auf eine Lösung oder einen Ausweg. Der Träumer ist ein begabter Drehbuchautor, der seinen eigenen Film schreibt.

Das Auftauchen von Wasser in Träumen deutet stets darauf hin, daß eine emotionale Inventur angeraten ist. Fliegende oder abstürzende Flugzeuge deuten auf entsprechende Tendenzen in Privatleben oder Geschäft hin.

Jeder Mensch träumt, und alle Träume sind wichtig, wobei manche wichtiger und aussagekräftiger sind als andere. Wenn du dich an deine Träume nicht erinnern kannst, dann tun sie dennoch genau das, was sie tun sollen. Du entwickelst dich, eliminierst und wirst auf unbewußter Ebene gewarnt, auf der alle wichtige Arbeit geleistet wird.

Es besteht keine Notwendigkeit, sich an die Träume zu erinnern und den ganzen Tag damit zu verbringen, ihre Bedeutung zu verstehen.

»Weshalb träume ich immer wieder davon, daß ich die Kombination zu meinem Spind in der Schule vergessen habe, gerade als ich kurz vor einem Test stehe?« fragte ich. »Und jedesmal, wenn ich den Klassenraum erreiche, habe ich den Test verpaßt.«

Die Wiederholung dieses Traumes sorgt dafür, daß du dich eines Tages daran erinnern wirst, wer du wirklich bist und was du mit dieser neuen/alten Information zu tun hast. Deine Unfähigkeit, dich an die Kombination zu erinnern, deutet darauf hin, daß deine wirkliche Identität dir noch enthüllt werden wird. Deine Kombination ist dein geschichtliches Paßwort, der Code zu deinem Eintritt in die Fakultät historischer Erinnerung.

Ein Schultraum weist darauf hin, daß du noch mehr zu lernen und zu erinnern hast und daß du vor einer schwierigen Lektion in deinem Leben stehst. Einen Test zu verpassen bedeutet oft, der anstehenden Lernerfahrung aus dem Weg zu gehen.

»Paul, wie häufig sind Träume auch gleichzeitig Vorsehungen?« wollte ich wissen.

Die Zukunft zu kennen, bevor sie eintrifft, ist dasselbe wie in ein Kino zu schleichen und den Film anzuschauen, bevor er anläuft. Durch Träume und Tagträume sind einige von euch in der Lage, in der Zukunft befindliche Ereignisse zu sehen, aber dies ist eine Seltenheit und weicht von der Norm ab.

Das Curriculum der Schule des Lebens und die Richtlinien der Reinkarnation legen fest, daß jeder Mensch auf die Erde zurückkehrt, um anderen zu dienen und um negative Taten aus der Vergangenheit gutzumachen.

Träume helfen bei der Entscheidungsfindung und dabei, sich gegenüber früheren Inkarnationen zu verbessern.

Paul erklärte mir, daß ich bald in der Lage sein würde, Träume zu interpretieren sowie Erinnerungs-Lektionen und Informationen zu verstehen. Meine Träume würden mir dabei behilflich sein, wie Verkehrspolizisten, die mir die Richtung weisen.

Danach beantwortete Paul viele der Fragen, die ich hinsichtlich unserer Beziehung hatte. Er sagte, daß er als Führer in mein höheres Selbst ein Teil meiner selbst sei, der direkt mit der himmlischen Hierarchie in Verbindung stünde.

Das realitätsorientierte Albert-Selbst mußte sich mit seinem Karma herumschlagen, das aus diesem Leben und den Leben davor stammte. Das höhere Selbst war jener Teil meines Wesens, der mir den Weg zurück in den Himmel wies. Paul führte, und ich folgte.

Um deine Entscheidung, den Weg Gottes zu gehen, zu bekräftigen, kannst du einfach bestimmte Worte wie Engel, Liebe, Licht, Erlösung, Transzendenz, Freude, Frieden, Harmonie, Entzücken, Wahrheit und Schönheit wiederholen. Sie verändern die Stimmung im Zusammensein mit anderen und wirken sich vorteilhaft auf persönliche Beziehungen aus. Diese Worte sind Träger einer alchemistischen Harmonik, die durchaus in der Lage ist, auch eine rauhe See zu glätten.

Durch eine Veränderung deiner Denkweise sowie durch die Kraft von Anziehung und Magnetismus wirst du in der Lage sein, die himmlische Aura zu erreichen. Furcht wird zu Vertrauen, Wut zu Frieden und Verlust zu Überfluß.

Das war nicht schwer zu verstehen. Manche Orte stimmen mich friedlicher und glücklicher als andere. Manche Menschen verändern die Energie in einem Raum, und Musik ist in der Lage, die Geistesverfassung zu verbessern. Doch hatte ich bis jetzt noch nicht realisiert, daß der Klang einer Person und die Anziehungskraft ihres Lichtes mit jeder höheren Position innerhalb der himmlischen Hierarchie immer mächtiger und kraftvoller wurde.

In den Vereinigten Staaten existieren acht Hauptlichtzentren und in der Welt ebenfalls acht Licht-Mekkas, die die Erinnerung an unsere himmlische Vergangenheit auffrischen und uns dabei helfen, unsere ursprüngliche Aufgabe zu erkennen. Das magnetische Feld dieser Zentren ist noch in hundertundfünfzig Kilometer Entfernung von ihrem Kern spürbar.

Wenn Pilger an diese Orte reisen, so erinnern sie sich spontan an ihre Vorleben, und die Bedeutung ihres gegenwärtigen Lebens entfaltet sich vor ihren Augen.

Die acht Zentren in Amerika sind: New York, Birmingham in Alabama, Dallas, Sedona, Maui, Hawai; Montecito in Kalifornien, Asheville in Nord-Carolina und Omaha, Nebraska.

Die restlichen Zentren der Welt liegen in London, Paris, Wien, Kairo, San Sebastian, Florenz, Machu Picchu und auf der Insel Samos in Griechenland.

Vergiß nicht, daß Gott überall ist. Bei diesen Orten handelt es sich um Energiegeneratoren, die imstande sind, erschöpfte Seelen wieder zu erfrischen. Einsamkeit, Trost und Verjüngung kann überall gefunden werden.

Gefallene Engel, die sich entschlossen haben, den Weg zurück zu Gott anzutreten, verfügen über die Gabe, andere zu heilen. Wunderheilungen haben nichts mit Alchemie, Elixieren, Talismanen oder Voodoo zu tun. Durch die restaurierte Seele (der ehemals gefallenen Engel) wird die Heilkraft wie durch einen elektrischen Strom übertragen.

Der Mensch kann beschließen, seine Führung durch das höhere Selbst zu ignorieren. Dadurch wird sich jedoch seine Rückkehr zu Gott verlangsamen und erschweren.

Alle Menschen sind Kinder Gottes, die in einen Jahrtausende alten geistigen Abgrund geraten sind. Sie haben vergessen, wer sie wirklich sind.

Paul zeigte mir, daß ich ein egozentrisches Wesen war, das sich durch seinen Wunsch nach Sex, Essen, Alkohol, Drogen, Autos, Kleidern, Reisen, materiellen Besitz hatte einlullen und hypnotisieren lassen und sich von der Erfüllung seiner Wünsche einen Ausgleich für seine Trennung von Gott versprach.

Paul ließ mich wissen, daß ich bald keine Meditation oder veränderten Bewußtseinszustände mehr benötigen würde, um an die von mir gewünschten Informationen zu gelangen oder mich daran zu erinnern, weshalb ich auf die Erde gekommen war. Die Botschaft, so sagte er, würde mit dem Botschafter verschmelzen und eins werden.

Du mußt dich jetzt ein paar Stunden zurückziehen. Betätige dich körperlich. Geh spazieren. Atme tief durch und mach Streckübungen. Körper, Geist und Seele sind Ausdruck der Dreifaltigkeit deines Selbst.

Ich kehrte in die Wirklichkeit zurück und lag für einen Moment still. Dann sprang ich auf und folgte seinem Rat, indem ich einen langen Lauf durch das nächtliche Birmingham unternahm.

Als ich in mein Hotel zurückkehrte, dachte ich daran, wie sehr Pauls Erscheinen mein Leben verändert hatte. Durch sein Wissen und seine Verbindung mit dem Universum wurde der Schleier der Separation, den ich in der Anwesenheit anderer Menschen immer verspürt hatte, allmählich gelüftet. Doch wie konnte ich mir so schnell sicher sein? Menschen, Orte und Gegenstände paßten entweder gleich in mein Leben – oder aber nie. Ich *glaube* nichts. Was ich weiß, weiß ich aus eigener Erfahrung. Paul ist real, und er ist ein wichtiger Teil meiner selbst.

Ich begann mit dem Packen, nahm eine Dusche und zog mich an. Nachdem ich den Pagen telefonisch gebeten hatte, meine Taschen abzuholen und in den Leihwagen zu bringen, setzte ich mich noch einmal kurz hin und trat in einen weiteren Dialog mit Paul. Ich schloß die Augen, und schneller als sonst fiel ich in einen regelmäßigen Atemrhythmus. Mein Verstand war ruhig und klar.

Wieder begannen meine Lektionen. Ihr Inhalt wurde immer klarer, und ich absorbierte das Wissen schneller als zuvor.

Die Zeit der Dunkelheit des Egos kommt zum Ende, und das Licht Gottes wird stärker und heller scheinen.

Das Jahr 2001 ist das Jahr der Rückkehr des himmlischen Reiches für all jene Seelen, die auf dem Weg zurück zu Gott sind. Jene, die die Reise nicht machen wollen, werden ihr Leben in entsprechenden Umständen und mit unverändertem Bewußtsein fortsetzen. Sie werden ihr gleiches miserables Dasein in den gleichen miserablen Umständen führen. Ohne Hoffnung, ohne Aussicht auf das Paradies.

Der Beginn der Heimkehr war im Jahr 1953. Durch die vorherrschende Negativität vergingen jedoch Jahrzehnte, bis sich die Erinnerung an das wirkliche Selbst auf der Erde verstärkt hatte. Schwere und Dichte der Schwingung rührten nicht nur von den Kämpfen auf den Schlachtfeldern her, sondern stammten auch aus den Kriegen, die der Mensch in seinem Inneren ausficht.

Schmerz, Leiden und Verzweiflung sind wirksame Mittel, um einen gefallenen Engel dazu zu bringen, sich tiefer nach innen zu versenken und auf diese Weise die Erinnerung daran wiederzufinden, wer er oder sie in Wirklichkeit ist.

Das Ego im Menschen schafft Barrieren zum Allwissenden, Allsehenden. Es wird vom dunklen Element der Separation benutzt, um die Seele von ihrer wahren Identität abzuspalten und fernzuhalten.

Das Ego ist das Lagerhaus der Perversionen des menschlichen Verstandes – Begierde, Lust, Ärger, Ausschweifung, Neid und Faulheit. Da das Ego sich direkt an der Schwelle zum korrekten Gebrauch des menschlichen Willens etabliert, hält es den Menschen in Dunkelheit gefangen und läßt ihn nach Illusionen jagen. Der Mensch hat die Verbindung zwischen Herz und Verstand verloren.

Es gibt insgesamt acht spirituelle Prinzipien, die zu Gott zurückführen. Du erhältst ein besonderes Kennwort, welches dir Zugang zu historischen Informationen verschafft. Du bist imstande, alles, was hinter dir liegt, zu erfahren, jedoch nicht das, was vor dir liegt.

Dein Kennwort lautet 361938W3348N87321530.

Diejenigen, die ihre Pilgerfahrt zu Gott beginnen, werden ein Kennwort erhalten; es besteht aus den Zahlen ihres jeweiligen Geburtsdatums. Dazu kommen Längen- und Breitengrad der Geburtsstätte sowie die Uhrzeit.

Übe dich täglich im Gebrauch dieses Kennworts, bis du Zugang zu allen Informationen hast. Je häufiger du das Kennwort verwendest, desto einfacher wird dir der Zugang fallen. Wenn du dich daran erinnerst, wer du bist und was dich bis heute von Deinem Pfad abgebracht hat, wird es dir leichter fallen, in Zukunft nicht mehr von ihm abzuweichen.

Du hast ein Recht darauf, alles zu erfahren, was sich in der Vergangenheit zugetragen hat, aber nicht darauf, was sich in der Zukunft ereignen wird. Die Vergangenheit zu kennen bedeutet, auch die Zukunft zu kennen.

Das Leben gleicht einem riesigen chinesischen Puzzle. Je mehr du klärst, desto mehr wirst du erfahren. Doch wer dem Ego verhaftet bleibt, wird niemals heimkehren können.

Das Ego ist im Blut des Menschen gespeichert, deshalb kann sich niemand vor ihm verstecken. Der Mensch kann nicht vor dem fliehen, was er in früheren Leben angerichtet hat, da seine Erinnerungen buchstäblich durch seine Adern fließen.

Die Sünden der Väter, an die du dauernd während des kirchlichen Gottesdienstes erinnert wirst, beziehen sich auf die Blutlinie. Die himmlische Hierarchie ist eine aufsteigende Ordnung, der Weg zurück zu Gott und Einheit. Jede Stufe verlangt einen bestimmten Grad der Klärung, und jede Stufe hat ihr Prinzip.

Die Rückkehr verläuft stufenweise. Du könntest die Reise auch schneller absolvieren, aber Zweifel und Furcht sind ebenso wie falsche Versprechungen die Qualitäten des Egos und seiner Täuschungen. Jedesmal, wenn du zur Meditation *zurückkehrst, sollst du dein Kennwort benutzen. Es wird dir dabei behilflich sein, dich auf die zur Klärung notwendigen Dinge zu konzentrieren. Benutze den Traumzustand, um dich zu Entscheidungen anleiten zu lassen.*

Wenn du einen bestimmten Grad persönlicher Klärung erreicht hast, werden auch andere ihre eigene Klärung erfahren. Fahr damit fort, anderen durch deine Arbeit zu helfen.

Nicht alle Seelen verfügen über den innigen Wunsch, in den himmlischen Bereich heimzukehren. Viele haben die Mission, zu zerteilen und zu erobern, deshalb mußt du vorsichtig sein, mit wem du dein Wissen teilst. Suche den höheren Weg, und du wirst von einer Macht geleitet werden, die größer ist als du.

Mit einem Mal herrschte eisiges Schweigen, und es wurde still.

Der Mensch liebt die Dunkelheit mehr als das Licht.

Ich öffnete die Augen und schaute aus dem Fenster in das Morgenlicht. Die Magische Stadt begann sich zu rühren. Vor mir lag die Aufgabe, mit dem Schrott meiner Vergangenheit und meiner Vorleben aufzuräumen.

Noch einmal führte ich mir vor Augen, woran ich mich erinnerte und was ich Neues erfahren hatte:

1. Ich bin ein gefallener Engel, der sich für das Millennium klären muß.
2. Die Klärung wird mittels der acht Prinzipien erfolgen.
3. Ich verfüge über ein Kennwort, das mir Zugang zu einem historischen Rückblick verschafft.
4. Die Prädisposition meines Charakters liegt in meinem Blut.
5. Ich bin nicht, was mein Ego mir einredet.
6. Träume enthüllen unbewußte Ängste und enthalten wertvolle Lektionen.
7. Durch die himmlische Hierarchie wird das Paradies wiederhergestellt.

8. In den Vereinigten Staaten befinden sich acht Lichtzentren, und in der restlichen Welt befinden sich acht weitere.
9. Engel verfügen über die Gabe und Kraft der Wunderheilung.

Meine Arbeit in Birmingham war beendet, doch die Aufgabe meines Lebens hatte gerade begonnen. Ich entschloß mich, einen meiner Lieblingsorte aufzusuchen, um dort mit der Klärung zu beginnen.

Während ich packte, lief mein Leben in Sekundenschnelle wie ein Film vor meinen Augen ab. Weshalb hatte ich mein ganzes Leben lang keine wirkliche Verbindung zu anderen Mitgliedern meiner Familie gefühlt? Warum hatte ich mir ausgerechnet Alkoholismus als Weg zu Gott ausgesucht? Ist es möglich, daß unsere Erinnerung versagt und wir entgegen unserem ursprünglichen Wesen handeln? War diese neue Information eine Erklärung dafür, daß ich immer das Gefühl hatte, mich und meine Klienten zu beobachten, anstatt wirklich zugegen zu sein? War ich in einem Drama gefangen, das mich dazu zwang, mich meinem Karma zu stellen, bevor ich mich meiner Berufung widmen und meine wahre Aufgabe auf diesem Planeten erfüllen konnte?

Die Antworten lagen offensichtlich in den acht Prinzipien verborgen. Der Grund für meine Unfähigkeit, die Frage: »Wer bin ich?« zu beantworten, lag darin, daß mein Ego meine wirkliche Identität durch Halbwahrheiten verschleiert hielt. Ich hatte den unbestimmten Eindruck, daß ich drauf und dran war, die Antworten auf meine Fragen zu finden und damit den Sinn meines Lebens.

Kapitel 4

NEUSTART

Der erste Schlüssel zur Weisheit liegt in häufigem und unermüdlichem Fragen. Denn durch Diskrimination gelangen wir zur Selbstbefragung, und durch die Frage nach unserem wirklichen Wesen gelangen wir zur Wahrheit.

— PETER ABAELARD

Die San-Ysidro-Ranch in Montecito, Kalifornien, ist ein Resorthotel der Spitzenklasse und liegt in den Bergen von San Ynez, drei Kilometer vom Pazifischen Ozean und zwei Stunden von Los Angeles entfernt. Die Ranch ist ein friedlicher, idyllischer Ort, der sich perfekt zum Schreiben eignet.

Ich traf an einem sonnigen Samstagnachmittag Mitte April dort ein und machte es mir in meiner Lieblingshütte, Ausblick III, bequem, in der Somerset Maughham *Auf des Messers Schneide* geschrieben hatte.

Nur mit Badehose bekleidet, machte ich einen Spaziergang durch den Garten; in der einen Hand eine Flasche Mineralwasser, in der anderen einen kleinen Kassettenrekorder. Nachdem ich den Hügel hinaufgestiegen war, ließ ich mich auf meinem Lieblingsfelsen über dem Swimming-pool nieder und versank sofort in einen meditativen Zustand. Vom Ozean her wehte eine sanfte, beruhigende Brise, während ich tiefer und tiefer in meine friedliche Verbindung mit der höheren Stimme eintauchte. Ich schaltete den Kassettenrekorder an und stellte ihn neben meiner Uhr auf den Boden.

Botschaft und Botschafter werden miteinander verschmelzen.

Als ich mich im Bereich des höheren Bewußtseins wiederfand, traten mir Pauls Worte erneut ins Gedächtnis.

Prinzip eins:
Das Ego ist der Feind

Ein neugeborenes Kind ist unbefleckt und unschuldig. Vor der Wiedergeburt hat sich seine Seele im Himmel aufgehalten, wo es weder Leid, Sorgen noch Ärger gibt. Dort existieren nur Wahrheit, Liebe, Schönheit und Frieden, Ausgewogenheit und Harmonie. Hier lebte die Seele in Einheit, ohne Trennung von der göttlichen Kraft.

Das Kind betritt die Bühne dieser Welt liebend, lachend und weinend, es möchte geknuddelt, geküßt und im Arm gehalten werden. Das Leben ist ein seliger Zustand.

Im Alter von zwei Jahren leidet das Kleinkind darunter, dieses perfekte Bewußtsein verlassen und in eine Welt eintreten zu müssen, die egozentrisch und von Menschen geschaffen ist. Als Folge schreit das Kind, hat Tobsuchtsanfälle; es weigert sich, zu essen oder den Anordnungen der Mutter Folge zu leisten. Unterbewußt weiß das Kind, daß es nun kurz davorsteht, seine Füße in eine schwierige und schmerzerfüllte Welt zu setzen, die von ihm verlangt, falsche Dinge zu lernen und zu adaptieren, nur damit das Überleben gesichert ist.

Im Alter von drei Jahren taucht das Ego auf und beginnt, dem Kind als heimtückischer Lehrer zu dienen, der es für immer von seinem allwissenden Selbst und seiner Fähigkeit, umfassend wahrzunehmen, abschneidet. Und so beginnt das Kind seine schmerzhafte Reise durch die Überlebensstrategien dieser Welt.

Das Ego ist Bewußtsein auf ängstlicher Basis, Gedankenformen, die die Seele von Gott trennen. In der Mythologie entspricht die Geburt des Egos der Geburt der mächtigen, archetypischen Schlange. Die symbolische Schlange wie das Ego versuchen, den Menschen durch Begierden zu kontrollieren. Unter der Herrschaft des Egos gibt es nur selten Gelegenheit, eine klare Logik oder einen freien Willen zu entwickeln.

Die Psychologie behauptet, daß wir das Ego zur Führung eines produktiven und glücklichen Lebens benötigen. Seit frühester Kindheit wird seine Entwicklung von Eltern und Lehrern gefördert. Was die Psychologie uns wirklich lehren sollte, ist die Tatsache, daß das Ego sterben muß, um in das »Ich-bin«-Prinzip der Freiheit von sich sowie von Selbstzweifeln und der Unabhängigkeit von der Meinung anderer wiedergeboren zu werden. Nichts ist »gut« oder »schlecht«. Alles hängt einzig und allein vom Standpunkt des Betrachters ab.

Psychologen lehren und verbreiten lediglich, was ihnen ihr Ego eingegeben hat.

Ein Großteil der existierenden Probleme besteht darin, daß wir Autorität akzeptieren, ohne sie zu hinterfragen. Damit geben wir unsere eigene Macht an andere ab. Stellen Sie alles und jeden – einschließlich sich selbst – in Frage, und Sie werden schließlich die Wahrheit erkennen.

Unterbewußt weiß der Mensch, daß er mit dem Verlassen des holistischen Himmels einen Teil seiner selbst verloren hat und sich nun vom anderen Geschlecht angezogen fühlt, um sich wieder zu vervollständigen und den fehlenden Teil zu finden.

Ist das Ego erst einmal zum Babysitter geworden, gerät das Kind zunehmend in große Schwierigkeiten. Das Ego beginnt damit, ein Bewußtsein über die Unterschiede zwischen kleinen Mädchen und kleinen Jungen zu schaffen. Zunächst sind die beiden voneinander abgestoßen, doch mit zunehmendem Alter verfolgen sich die Geschlechter leidenschaftlich und verzweifelt. Sie suchen nach dem, was sie bei sich selbst vermissen, und versuchen, es von ihrem Partner zu bekommen.

Der Grund dafür liegt darin, daß beide sich ohne ihre weibliche oder männliche Essenz unvollkommen fühlen. Am Anfang waren alle Engel Hermaphroditen mit androgynem Bewußtsein. In der Mythologie wird Hermaphroditus, der Sohn von Hermes und Aphrodite, während des Badens in seinem Körper von einer Nymphe besucht. Die Mythologie bietet praktische und hilfreiche Hinweise darauf, wie der Mensch Ordnung in das vom Ego kreierte innere Chaos bringen könnte. Die Geschichte von Hermaphroditus weist auf die Notwendigkeit hin, die uns fehlende Seite zu integrieren. Mythen, Legenden, Sagen und Märchen dienen dem schlummernden Unbewußten dazu, gegen die Gefangenschaft durch das Ego zu rebellieren.

Die Harmonische Konvergenz im August 1987 war der Beginn der Rückkehr des weiblichen Prinzips. Der Planet wurde wieder unter die Kontrolle des weiblichen Aspektes Gottes gestellt, als Sonne, Merkur, Venus, Mars, Jupiter, Saturn und Uranus ein energetisches Dreieck maskuliner Dominanz in den Sternbildern des Löwen, Steinbocks und Schützen bildeten. Die Ordnung des Universums sorgte für eine Ausgewogenheit der Kräfte, als der Mond in sein Zeichen rückte. Krebs in Opposition zu Neptun im Steinbock brachte die Rückkehr der Herrschaft der Mutter über den Planeten Erde.

Wie die Dunkelheit im Angesicht des kommenden Millenniums dem Licht und der Liebe weichen muß, so hat der Patriarch sich bei der entsprechenden planetaren Konstellation der Mutter ergeben, und als Folge begannen immer mehr Männer mit der Suche nach dem Weiblichen in sich.

Bevor wir wiedergeboren werden, erhält jeder von uns Informationen darüber, welche Umstände wir bei unserer Geburt vorfinden werden. Leider erinnern wir uns nicht an die Dinge, die wir immer wußten. Dieses Wissen ist im Unterbewußtsein der Seele gespeichert, und die Erinnerung daran wird durch Anblicke, Geräusche, Gerüche und Reaktionen auf andere Menschen oder Orte in uns hervorgerufen. Erst die Klärung von Illusionen verbindet eine Seele wieder mit ihrem ursprünglichen Wissen. Gespeichertes Wissen dient ihr dabei als eine Art Kompaß.

Der Glaube an Wiedergeburt ist keine Voraussetzung, um zu Gott zurückkehren zu können. Trotzdem werden bald immer mehr Menschen an Reinkarnation glauben, weil sie entsprechende Erfahrungen machen, die eine Veränderung ihres Bewußtseins zur Folge haben werden.

Das Ego ist keine separate Einheit. Das Kind ist nicht vom Ego besessen, sondern steht unter seinem Einfluß. Das Ego ist Teil seines Charakters. Natürlich bedarf ein Kleinkind großer Zuneigung und Anteilnahme, doch es ist sein Ego, welches dafür sorgt, daß ein Kind fordernd und selbstsüchtig wird.

Dem Ego obliegt die ultimative Aufgabe, den heranwachsenden Menschen von allen Gefühlen und Emotionen, die auf eine Gottbewußtseinsseele hinweisen, fernzuhalten. Das Ego kollidiert mit den Egos anderer Seelen. Alle gefallenen Engel, die sich entschieden haben, nicht zu Gott zurückzukehren, stehen auf der einen, und jene, die sich schließlich auf den Weg machen, auf der anderen Seite.

Das Ego bedient sich unterschiedlicher Techniken, um zunächst das Kind, dann den Jugendlichen und schließlich den Erwachsenen in dauerhafter Separation von Gott zu halten.

Das Ego agiert in einer selbstgeschaffenen Arena, in der Wettbewerb und Gewinnen das Wichtigste sind. Rivalisierende Banden säen Gewalt und durch das Ego provozierte Dominanz. Das Bedürfnis nach Popularität und sozialer Infrastruktur splittert Teenager in miteinander wetteifernde Gruppen auf. Das Ego bedient sich dieser Spaltungsmaßnahmen, um junge Menschen von der Leere in ihrem Inneren abzulenken.

Viele Seelen werden jedoch darauf vorbereitet, große Mengen von Menschen zu erreichen, die wiederum einer Vielzahl von weiteren Seelen zu Hilfe kommen werden. Das nahende Millennium wird ein Crescendo des Erwachens unter den Menschen werden, wobei unter den jungen Menschen der Hunger nach Veränderung am stärksten ist.

Wenn Teenager sich versammeln, sprechen sie oft von der Nutzlosigkeit und Leere ihres Lebens und der ihnen angebotenen Optionen. Sie werden dann als fehlgeleitete Jugendliche angesehen, die sich dem Sex, den Drogen und abartiger Musik ergeben haben. Doch ihre Rebellion ist ein Kampf zwischen Ego und Gott.

Teenager verüben häufiger Selbstmord als je zuvor, weil sie die spirituelle Revolution des Millenniums nicht mehr erwarten können. Ihre Seelen befinden sich im Krieg – Ego vs. Gott. In der daraus entstehenden Verwirrung beschließen sie häufig, ihr Leben vorzeitig zu beenden.

Der Selbstmord von Philip, dem siebzehnjährigen Sohn eines meiner Klienten, paßt genau in dieses Muster.

Philip war ein gutaussehender, athletischer Schüler mit ausgezeichneten Noten, der zum Klassensprecher gewählt wurde und über große Durchsetzungskraft verfügte. Wenn er überhaupt einen Fehler hatte, dann den, daß er sich nichts sagen ließ und dafür später unter Selbstzweifeln und -vorwürfen litt.

Er stammte aus einer wohlhabenden religiösen Familie in Dallas, Texas, und war wie wir alle in einem Netz von Widersprüchen gefangen. Trotz seiner Talente und Fähigkeiten war er jemand, der vor allem anderen gefallen wollte.

Nach einer Auseinandersetzung mit seinen Eltern, in deren Verlauf er streng zurechtgewiesen wurde, steuerte er seinen schwarzen Porsche mit hoher Geschwindigkeit über eine Klippe.

Als ich die Nachricht von Philips Tod erhielt, rief ich bei seinen Eltern an, die mich darum baten, mit ihrem Sohn telepathisch in Kontakt zu treten, was mir auch gelang.

»Weshalb hast du das getan, Philip?« fragte ich.

»Es ist ein Fehler gewesen. Ich habe versucht, meinen Eltern Angst zu machen, und bin zu weit gegangen. In letzter Minute habe ich noch versucht, den Wagen zum Stehen zu bringen, doch es gelang mit nicht mehr«, antwortete er.

»Wärst du gern wieder hier?« fragte ich.

»Ja. Ich habe meinen Eltern und Freunden zuviel Leid und unbeantwortete Fragen hinterlassen. Es hatte den Anschein, als habe mich eine große Macht hierhergerufen. Ich habe in meine Zukunft geschaut wie jemand, der zufällig und ohne das Kennwort zu wissen in ein Computerprogramm eindringt. Es war für mich noch nicht an der Zeit zu gehen.

Meine Wiedergutmachung besteht darin, andere Jugendliche telepathisch zu beeinflussen, die ebenfalls mit dem Gedanken spielen, sich das Leben zu nehmen. Selbstmord ist eines der gravierendsten Verbrechen gegen die Gesetze der Natur.«

Kinder werden von ihren Eltern ohne Unterlaß dazu gedrängt zu kämpfen, bei Wettbewerben zu siegen, bei Sportveranstaltungen zu gewinnen, sich in ihrer Klasse für Ehren und Wahlergebnisse aufstellen zu lassen. Viele Eltern haben in ihrer Kindheit als Wettkämpfer versagt, und als reine Kompensation dafür treiben sie nun ihre Kinder an. Wieder ist es das Ego, dieses Mal der Eltern, welches das Kind motiviert.

Vergessen Sie nicht, daß Lehrer, Prediger und Eltern ebenfalls Egos besitzen, die ihr gesamtes bisheriges Leben bestimmt haben, so daß sie sich seinem Willen längst ohne zu fragen ergeben haben. Viele dieser Erwachsenen verbinden sich miteinander und teilen die Welt unter sich auf, um Schwächere sowie jene, die sich aus Furcht beugen, zu kontrollieren.

Erst wenn ein Mensch das Unbewußte in seiner Seele entdeckt und sich Zugang dazu verschafft, beginnt die Rückreise zu Gott und zur Perfektion.

Das Ego wurde zusammen mit dem ersten Mann und der ersten Frau geboren. Als dunkle Seite des Menschen, sein Schatten-Selbst, ist das Ego lediglich in der Lage, den Menschen zu täuschen und ihn von seiner wahren Natur, von Gott und von der Einheit mit Gott abzuhalten.

Das Ego ist jener Teil des gefallenen Engels, der den Fall ursprünglich verursacht hat. Erst wenn der Trennungsschmerz so groß wird, daß sich der Mensch in einem Augenblick der Klarheit und Verzweiflung Gott ausliefert, konfrontiert er sein Ego mit dessen Lügen, Täuschungen, und falschen Identifikationen. Dann ist das Ego gezwungen, aufzugeben und dem gefallenen Engel mitzuteilen, wer es in Wirklichkeit ist.

Das Ego geht durch eine Metamorphose, in deren Verlauf die Seele die Freiheit erlangt, zu ihrer wahren Bestimmung zu gelangen: ein Kind Gottes zu werden. So wie eine Raupe sich verpuppt, um als Schmetterling wieder hervorzukommen, unterläuft auch das Ego in seiner Hingabe zu Gott einen Sterbeprozeß, bis es zu einem »Ich bin« aufersteht.

Ich dachte an meine eigene Kindheit zurück und wie verloren ich mich gefühlt hatte, weil mich niemand verstand. Ich kann mich noch lebhaft daran erinnern, welche Dialoge ich mit meinem Ego darüber führte, ob ich den einen Spielkameraden zugunsten eines anderen aufgeben sollte. Das Ego lieferte mir nicht nur eine Strategie dafür, wie ich an die Dinge, die ich mir wünschte und die ich angeblich unbedingt brauchte, gelangen konnte; es lieferte ebenfalls die Begründungen und Rechtfertigungen für meine entsprechenden Handlungen.

Als Heranwachsender hatte ich zwei Freunde, Teddy und Billy. Da ich vor allem und jedem Angst hatte, verlangte ich von den beiden die konstante Bestätigung, daß ich ihr bester Freund sei. Um meinen Status zu sichern, machte ich Teddy vor Billy herunter und umgekehrt. Auf diese Weise hielten mich Furcht und Ego in einer ständigen Zwickmühle.

Neben der Konfusion in bezug auf meine sexuelle Identität, über die ich mit niemandem reden konnte – einer der Hauptgründe für Alkoholismus, Drogensucht und eine Million anderer Dinge –, bestand mein schlimmster charakterlicher Defekt vor allem in einem von mir konstant inszenierten Drama des »Armen Ich«. Sich selbst leid zu tun gehört wohl zu den destruktivsten Angewohnheiten und stellt eine große Sünde dar. Hüten Sie sich vor den Tricks des Egos und vor Depressionen! Das Ego ergibt sich erst, wenn man ihm mit Mut und Bestimmtheit begegnet.

Perversionen sind Verzerrungen mentaler Funktionen; Fallstricke, die das Ego legt, um die Separation von Gott voranzutreiben. Lust ist eine Funktion des niederen Energiekörpers und kann niemals vollends befriedigt werden. Wird die Lust übermächtig, beginnt der Mensch häufig mit dem Mißbrauch anderer; es kommt zu Vergewaltigungen, und er läßt sich sogar zum Mord anstiften.

Gier ist eine weitere Perversion des menschlichen Verstandes. Sie wird durch die Aufforderung des Egos gewährt, Dinge und Informationen anzuhäufen und diese nicht mit anderen zu teilen. Weitere Perversionen des Verstandes sind Faulheit, Neid, Furcht und Mißtrauen.

Das Ego herrscht durch Einschüchterung und läßt die menschliche Seele nie erfahren, wer sie in Wirklichkeit ist. Es geht spät zu Bett und steht früh auf. Vor allem durch Mißtrauen zwingt es den Menschen, dem sich widersprechenden Krisenstab in seinem Kopf zuzuhören.

In meinem Kopf flüstern andauernd kleine Stimmen durcheinander: »Wenn du nicht aufpaßt ...« »Wenn du es nicht genauso machst ...« »Du kannst ihm nicht trauen, weil ...« »Es ist der Fehler der anderen und nicht deiner«, und so weiter und so weiter.

Die meisten Menschen haben jeden Tag mit ihrer Angst zu kämpfen. Angst ist ein vom Ego fabrizierter Zustand. Das Ego ist der unerlöste dunkle Aspekt der Seele, der die Engel aus der Gnade Gottes fallenließ. Das Ego ist von Gott getrennt worden und befindet sich in einem ständigen Kampf gegen die Wiedervereinigung mit Gott.

Vor dem Massenexodus aus dem Himmel begann der Krieg mit Adam und Eva. Adam biß in den Apfel und in Evas Hand, die ihm den Apfel reichte, den sie von der Schlange bekommen hatte, dem ursprünglichen Vater des Egos. Charismatische Koexistenz, Wahrheit, Liebe, Schönheit, Frieden, Ausgeglichenheit und Harmonie wurden von der Frucht, die Evas Ego ihr gegeben hatte, um sie Adam zu überreichen, ausgelöscht. Adam und Eva wurden sich ihrer körperlichen, emotionalen und spirituellen Unterschiede bewußt, und die friedliche Koexistenz wich für immer einem unerschöpflichen Drang nach Wissen.

Bevor sie durch das Ego erfahren hatten, daß sie sich voneinander unterschieden, waren sie gleich. Der Rest ist bekannt. Der Krieg begann. In den Mythen wird behauptet, daß Eva aus Adams Rippe geschaffen wurde. In Wahrheit stammten sie beide aus ein und derselben Quelle. Unterschiedliche Geschlechter existieren einzig hier auf der Erde; in anderen Galaxien sind die Seelen androgyn.

Im Mythos der Bibel wird das Ego durch die Schlange repräsentiert. Das Ego hat jedoch viele unterschiedliche Verkleidungen. Es ist ein Meister der Metamorphose und kann zu allem werden, um die Seele gefangenzuhalten.

Adam und Eva trennten ihre emotionalen Körper und konnten nie wieder im Geist vereint werden. Trotzdem waren sie dazu bestimmt, bis zum letzten Akt des von ihnen geschriebenen Dramas zusammenzubleiben. Ihnen wurden Söhne geboren. Kains *Anima* (seine weibliche Seite) tötete den Mann, der sein Zwillingsbruder Abel war. Als die Geschlechter sich auf der Erde etablierten, wurde der verlorene Seelenanteil zu einem unsichtbaren Gefährten, der taub, stumm und dumm war.

Die Trennung von Kirche und Staat ist eine weitere Maßnahme des Egos in seinem Bemühen, den Menschen gegen seinen vermeintlichen Feind aufzustacheln. Wenn Staat und Kirche Gleichberechtigung für den Menschen und seine Seele wollten, weshalb sollten sie dann voneinander getrennt sein? Sie sind deshalb getrennt, weil beide von einem übermächtigen Ego gesteuert werden, das wie wilde Hunde gefüttert werden muß.

Matthew Fox, ein international bekannter Autor und Redner, der dominikanischer Priester gewesen war und von Papst Johannes aus der Kirche ausgestoßen wurde, behauptet: »... daß innerhalb der Kirche zu viele Rituale, Liturgien und Traditionen herrschen.«

»Wir müssen die Religion mit allen Mitteln verjüngt und vermenschlicht ins nächste Millennium bringen«, sagt Fox, der die frühen Philosophen und Mystiker studierte, um einen Weg zurück zur ursprünglichen Bedeutung des Christentums zu finden. Der einzige Weg für einen Menschen, sich, seine Familie, eine Kirche oder eine Institution zu heilen, besteht darin, die Hindernisse und den Schrott der Vergangenheit zu klären.

Nur Sie allein sind imstande, sich zu retten. Vertrauen Sie auf Gott, und säubern Sie Ihr Haus. Mit dem Eintreffen des Millenniums wird das Dunkel dem Licht weichen. Die Kirchen und die schwarzen Hunde ihrer Dogmen werden langsam zugrunde gehen.

Nichts, was das Ego verspricht, ist von Dauer. Die Abwesenheit Gottes sorgt schließlich dafür, daß das Ego als machtlos entlarvt wird. Bis zu diesem Zeitpunkt hat der Mensch die Konsequenzen seiner Trennung von Gott zu tragen.

Da der Mensch seine wahre Identität als kostbares Kind Gottes verloren hat, hängt er sich an die falsche Identität, die ihm von seinem Ego angeboten wird. Um mit dieser Täuschung leben zu können, muß der Mensch sein Mißtrauen gegenüber anderen nähren. Bereits im frühen Alter beginnt die fehlgeleitete Seele damit, Suchtverhalten zu entwickeln.

Das Ego kann entweder gefüttert oder zum Schweigen gebracht werden. Es ist, als würden ein weißer und ein schwarzer Hund in Ihrem Inneren hausen. Sobald Sie beten und meditieren, Gott in jedem Ihrer Mitmenschen sehen und die Wahrheit leben, gewinnt der weiße Hund. Leben Sie in Dunkelheit, beschuldigen andere, weigern sich zu beten, zu meditieren und sich zu verändern, gewinnt der schwarze. Welcher Hund gewinnt bei Ihnen? Natürlich der, den Sie füttern!

Das Ego hat keine Liebe, keine nährenden Qualitäten und keinerlei emotionalen Beistand anzubieten. Deshalb beginnt das Kind, nach schädlichem Ersatz zu suchen, um die Leere zu füllen, die durch den Mangel an Liebe entstanden ist. Junge Menschen sind regelrecht ausgehungert nach Fett und Zucker in Form von Eiskrem, Süßigkeiten, Pizza, Hamburgern, Pommes frites – alles Liebesersatz. Was immer das Ego auch versprechen mag, es ist nicht in der Lage zu lieben.

Die Kleidung der Teenager muß Markenkleidung sein, von den Jeans bis hin zu den Tennisschuhen. Als verwöhnter Balg braucht das Kind die neuesten Ablenkungen: Computerspiele, stundenlanges Sitzen vor dem Fernseher und Heavy-Metal-Musik.

Dann beginnt der Jugendliche, Bier zu trinken, Zigaretten zu rauchen und schließlich Marihuana und andere Drogen zu sich zu nehmen. Sex ohne tiefere Bedeutung wird zum Lückenbüßer. Viele Eltern sind nicht in der Lage, die Fehler ihrer eigenen Eltern zu vermeiden, da auch sie nicht wissen, wie sie sich ihren Kindern gegenüber zärtlich und liebevoll ausdrücken sollen. Erwachsene unterscheiden sich kaum von ihren Ego-bezogenen Kindern. Sie versuchen ebenfalls, sich durch übermäßiges Essen in einen Zustand innerer Zufriedenheit hineinzufressen.

Ich weiß mit Sicherheit, daß ich viele meiner Leben damit verbracht habe, den destruktiven Einflüsterungen meines Egos Folge zu leisten, jedoch immer mit den gleichen vernichtenden Resultaten. Ein Zwischenfall, der mittlerweile zwanzig Jahre zurückliegt, ragt dabei als besonders schmerzhaft heraus.

1978 kehrte ich Weihnachten nach Birmingham in das Haus meiner Mutter zurück, um die Festtage mit meiner Familie zu verbringen. Ihr kleines, aber gemütliches Haus war bereits überfüllt, und da ich mich fest in den Krallen des Alkohols befand, hätte ich ihre Einladung eigentlich nicht annehmen sollen.

»Du solltest dich schämen, hier betrunken wie eine Strandhaubitze aufzutauchen. Wenn du deine Mutter nicht respektierst, ist hier kein Platz für dich!« erklärte sie mir einen Tag nach meiner Ankunft.

Ich hatte den ganzen Nachmittag damit zugebracht, mich zusammen mit einem alten Schulfreund zu betrinken, und war gekommen, um meine Mutter zum Essen bei meiner Schwester abzuholen.

Auf ihre Worte hin zündete mein Ego eine Bombe, und das Feuer des Wahnsinns brach aus. Nach allen Regeln der Kunst machte ich diese Frau, die allein sechs Kinder großgezogen hatte, fertig... »Du gottverdammte Schlampe! Ich hasse dich! Normalerweise verfügen Märtyrer wenigstens über die Güte, auf dem Scheiterhaufen abzufackeln und nicht am Heiligabend herumzuzetern. Meinetwegen kannst du tot umfallen!«

Meine Mutter war gerade dabei, sich anzuziehen, und stand, nur mit ihrer Unterwäsche bekleidet, vor mir. Sie hatte ein wenig Make-up aufgetragen und Schmuck angelegt, den ich ihr im Laufe der Jahre geschenkt hatte.

Als ich mit meiner Tirade fertig war, entgegnete meine Mutter kein Wort. Schweigend ging sie in ihr Schlafzimmer und packte sorgfältig alles, was ich ihr jemals geschenkt hatte, in Schachteln, so als verpacke sie Geschenke. Dann kam sie zu mir ins Wohnzimmer.

»Hier sind alle Sachen, die du mir im Verlauf der letzten dreißig Jahre geschenkt hast. Nimm sie. Ich will sie nicht mehr. Solange ich lebe, werde ich nichts mehr von dir annehmen!« Mit diesen Worten ging sie in ihr Zimmer zurück und ließ mich allein mit meiner Scham zurück.

Und Maggie, die Herzkönigin, die Mutter, die sich um die bestmögliche Pflege bemüht hatte, als ich mit einem Geburtsfehler auf die Welt kam; die Frau, die alle meine Kredite abgezahlt und die Anrufe der Eintreiber abgewehrt hatte; sie, die nächtelang wachgelegen und darauf gewartet hatte, daß ich endlich von meinen Sauftouren nach Hause kam; die mein vehementester Verteidiger war und sich immer für mich einsetzte; diese Frau weinte nun, und ich konnte hören, wie ihr Herz brach.

Der kleine Kerl, der damals den Buchstabier- und Poesiewettbewerb gewonnen und immer Einsen geschrieben hatte; der Superschüler und seit 20 Jahren aktives Mitglied beim Roten Kreuz, verfügte über ein Ego, das es ihm gestattete, eher seine alte Mutter in Stücke zu reißen, als seinen eigenen Dämonen ins Gesicht zu schauen. Doch genau so verhält sich das Ego: tödlich, brutal und ohne Respekt für andere Menschen, nicht einmal für die eigene Mutter.

Nachdem ich 1980 mit dem Trinken aufgehört hatte, entschuldigte ich mich bei meiner Mutter für meine Lügen, die Kredite, die sie mitunterzeichnet hatte, meine Beleidigungen und meine Schuldzuweisungen. Wir waren vollkommen unterschiedliche Menschen, aber ich liebte und bewunderte sie.

Als sie im März 1996 auf dem Sterbebett lag, hatte ich das Privileg, ihre Hand zu halten, ihr faltiges Gesicht zu küssen und Tränen des Schmerzes und der Dankbarkeit dafür zu weinen, sie zur Mutter gehabt zu haben. Ich begleitete sie durch die Himmelspforten. Meine Klärung ließ mir genügend Zeit für die Heilung der durch unser gemeinsames Karma bedingten Erlebnisse.

Ich fragte mich, ob es Seelen gab, die niemals nach Hause zurückkehrten. Was geschieht mit ihnen? Viele verlorene Seelen weigern sich, die galaktischen Besserungsanstalten aufzusuchen, um negative und destruktive Frequenzen auszulöschen. Wie Ertrinkende klammern sie sich an die Überreste ihres Egos.

Wie Ausreißer, die der Erziehung ihrer Eltern nicht folgen wollen, kehren diese Seelen in die Schwingung der Erde zurück und werden hier wie Magneten von Menschen angezogen, die sich dem Alkohol, Drogen und Sex ergeben haben und die in Ärger, Wut und Bitterkeit schwelgen.

Das Böse ist ein sehr erfahrenes Ego, das sich über viele Leben bewahrt hat, ohne die notwendigen Korrekturen vorzunehmen.

Ich fing an zu verstehen, weshalb das Ego dem Menschen eine Lebensweise aufzwingt, die dieser letztlich nicht ertragen kann. Der Mensch ist niemals und wird niemals sein, was ihm das Ego als Identifikationsmöglichkeit anbietet, und früher oder später wird für jeden von uns der Tag der Erkenntnis kommen. Mir fiel das Märchen von den neuen Kleidern des Kaisers ein – genauso unterstützen wir etwas, das nicht existiert.

In diesem Augenblick stand ich vor der Wahl, entweder zu packen und einen weiteren egomanen Lehrer, Prediger oder Führer zu wählen oder den Mut aufzubringen, mein Ego und seine boshaften Schliche zu konfrontieren und dadurch nie mehr dem verkleideten Ego eines anderen Menschen folgen zu müssen.

Nachdem ich wieder in mein Normalbewußtsein zurückgekehrt war, machte ich mich auf den Weg zum Pool, der sich oben auf dem Hügel befand. Die heiße Nachmittagssonne stand hoch im blauen Himmel mit seinen Zuckerwatte-Wolken. Ich sprang ins Wasser und schwamm einige Bahnen.

Manche der Informationen über das Ego störten mich. Immer noch fehlte mir ein Teil des Puzzles.

Nachdem ich mich erschöpft hatte, verließ ich den Pool und begab mich zu meiner versteckt über den *cabanas* liegenden Unterkunft. Wie üblich unterhielt ich mich mit den Stimmen in meinem Kopf. Laute Selbstgespräche helfen mir gewöhnlich dabei, die Spinnweben in meinem Kopf zu beseitigen.

»Wie kann die Menschheit derartig widerlich sein? Hat das Ego keinerlei positive Qualitäten? Wie kann die Kirche nur dem manipulativen, gierigen Aspekt des Menschen dienen?« fragte ich mich.

Ich bin als formidabler Opponent von flauschiger New-Age-Spiritualität bekannt. Wenn ich das Wort »Netzwerk« höre, bringe ich für gewöhnlich das Tafelsilber in Sicherheit.

»Hallo! Mein Name ist Angelo, aber mein Großvater nennt mich Engel. Wie heißt du?« erklang eine Kinderstimme hinter einem Felsen, gerade als ich mich auf eine lange, kontemplative Sitzung eingerichtet hatte.

Verdutzt sprang ich auf und erblickte einen kleinen Jungen mit dunklen Locken und himmelblauen Augen.

»Mein Name ist Albert. Ich freue mich, einen Engel zu treffen. Wie alt bist du, Angelo?«

»Sechs«, antwortete er und schüttelte mir die Hand.

»Du denkst bestimmt, ich bin verrückt, hier so einfach vor mich hinzubrabbeln«, sagte ich, in der Hoffnung, er habe von meinem Gerede nichts mitbekommen.

»Überhaupt nicht. Mein Großvater meint, daß man nichts laut sagen soll, bevor man es nicht vorher zu sich selbst gesagt hat.«

Angelo grinste mich an, als wüßten wir beide etwas.

»Gott sei Dank für Großväter, Angelo. Spielst du gern allein?« fragte ich ihn.

»Ich bin nie allein, Herr Albert. Kann ich Ihnen bei den Antworten auf Ihre Fragen helfen?«

Ich hob Angelo auf den Felsen und setzte mich neben ihn. Der Ausblick auf den Pazifischen Ozean und das Tal unter uns schien ihm zu gefallen. »Nun, junger Mann, was weißt du über Egos und Kirchen?«

Ich spreche mit Kindern niemals herablassend. Selbst mit Neugeborenen komme ich sofort zur Sache und rede mit ihnen so, wie ich selbst angesprochen werden möchte.

»Mein Großvater behauptet, daß wir alle gut und schlecht sind. Wir sind nicht immer gut, aber auch nicht immer schlecht. Er sagt immer: ›Engel, wenn du dir das Schlechte nicht anschaust, wirst du niemals gut werden‹«, erzählte Angelo im Tonfall eines Großvaters.

Und in diesem Augenblick ließ mich der kleine Junge wissen, daß das Universum keinesfalls negativ und bestrafend war, sondern daß der Mensch sich seine Probleme anschauen muß, um im Leben überhaupt eine gute Rolle spielen zu können.

Ich sprang vom Felsen auf die Erde und half Angelo hinunter, der seine Arme fest um meinen Nacken schlang.

»Ich muß einen weisen Mann nach einem Rätsel befragen, Angelo. Bis wann wirst du auf der San-Ysidro-Ranch bleiben?

Vielleicht können wir uns später wiedersehen«, schlug ich vor.

»Ich wohne nicht auf der Ranch. Ich wohne...«

»...bei meinem Großvater«, antworteten wir beide einstimmig und lachten laut.

Einer spontanen Eingebung folgend, zog ich Angelo an mich und weinte einige stille, trockene Tränen. Als er meine Augen sah, sagte er: »Ich gehe gern in die Kirche, weil ich dort Engel wie mich sehe. Sie kommen, wenn die Musik beginnt, und verschwinden wieder, wenn die Predigt anfängt.« Angelo grinste, als er mir von seinen Beobachtungen erzählte.

»Bevor wir uns verabschieden, Angelo, mußt du mir versprechen, daß du niemals damit aufhören wirst, Engel zu sehen, und daß du weiter auf deinen Großvater hörst.«

Wir gaben uns die Hand. Dann ging ich.

Als ich davoneilte, rief er mir mit lauter Stimme hinterher. »Herr Albert...«

Ich drehte mich auf dem Absatz herum und rannte wieder auf den Jungen zu, bis ich wie angewurzelt stehenblieb. Entweder war es die Sonne hinter Angelos Kopf oder eines von diesen verdammten Wundern, aber ich sah eine herrliche Aura, einen goldenen Lichtstrahl, der meinen kleinen Freund einhüllte. Ich hielt mir die Hand vor Augen, um klar zu sehen.

»Ja, Angelo, was ist los?« fragte ich aufgeregt.

»Du bist auch ein Engel«, sagte er mit sanfter Stimme und rannte dann tiefer in die Berge hinein.

Ich weinte den ganzen Weg zu meiner Hütte. Dort angekommen, weinte ich lange und ausgiebig. Ich taufte mich selbst in meiner Trauer, der ich seit über fünfzig Jahren keinen Ausdruck zu verleihen imstande gewesen war. Ich klärte ganze Schichten von selbstbetrügerischem Verhalten und falschen Doktrinen. Zum ersten Mal in meinem Leben fühlte ich mich frei.

Kapitel 5

ENTHÜLLUNG

Im 19. Jahrhundert bestand das Problem darin, daß Gott tot war; im 20. Jahrhundert besteht es darin, daß der Mensch tot ist.
— Erich Fromm

Indien hat im Verlauf der Jahrhunderte eine große Anzahl von Heiligen und erleuchteten Lehrern hervorgebracht. Einer der bedeutendsten unter ihnen war Ramakrishna, der von 1836 bis 1886 lebte. Seine besondere Art, Spiritualität auszudrücken und zu vermitteln, zog eine Gruppe von Jüngern an, die nach seinem Tod eine klosterähnliche Gemeinschaft gründeten, welche später als der Ramakrishna-Orden bekannt wurde.

Ramakrishna ist das Ideal der Vedanta-Hindus, vergleichbar vielleicht nur mit der Rolle, die Jesus Christus für die Christen spielt. Der Jahrestag meiner Abstinenz fällt mit Ramakrishnas Geburtstag zusammen, und diese Synchronizität scheint mir immer wieder aufs neue zu bestätigen, daß der Weg des Vedanta-Hinduismus der richtige Pfad für mich ist.

Die Philosophie des Vedanta beruht auf den Lehren der indischen Veden, uralten Hindu-Schriften, deren Grundlehre aussagt, daß die wahre Natur des Menschen göttlich ist und Gott selbst, als die allem zugrundeliegende Realität, in allem Existierenden verkörpert ist.

Nachdem ich die Yoga-Aphorismen von Patanjali gelesen hatte, konvertierte ich vor allem deshalb vom Christentum zum Vedanta-Hinduismus, weil dort jeder Weg, der zu Gott führt, ein guter Weg ist. Diese Philosophie paßte zu meiner anderen Entscheidung, nicht mehr alles und jeden in meinem Leben zu bekämpfen.

Die Vedanta-Gesellschaft in Südkalifornien wurde 1929 gegründet und 1934 in eine gemeinnützige Organisation umgewandelt. Die Gesellschaft unterhält einen Tempel, einen Konvent und jeweils ein Kloster in Hollywood und Santa Barbara sowie Klöster in Trabuco Canyon und San Diego.

Amrita, die Sekretärin und rechte Hand von Swami Swahananda, hatte mir einen Termin zum Abendessen mit Swami gegeben. Ich liebte die Essen im Sarada-Konvent, da ich bei dieser Gelegenheit stundenlang mit den spirituellen Bewohnern, die aus irgendeinem Grund Nonnen genannt werden, zu scherzen pflegte. Vor ihrer Initiation hatten die zwölf Frauen hier ein Jahr zur Probe gewohnt und zehn Jahre später ihr letztes Gelübde abgelegt.

Die Nonnen betreiben einen wunderbaren Buchladen, den ich sowohl für sein indisches Glitzerzeug liebte als auch für seine Bücher, die sich mit allen Religionen dieser Welt beschäftigten. In einem von Oliven, Oleander, Eichen, Eukalyptus und Pinien umgebenen Tempel veranstalteten die Nonnen nächtliche Vespern und Sonntagsandachten.

Ich unterhielt zu ihnen ein beinahe brüderliches Verhältnis. Vor einigen Jahren hatte ich sie anläßlich einiger privater Astrologie-Sitzungen näher kennengelernt, und so gotterfüllt diese bezaubernden Wesen auch sein mochten, und trotz der Tatsache, daß sie den ganzen Tag über: »Gottes und nicht mein Wille geschehe« beteten, so bestand ihr Leben im Konvent doch nicht nur aus einem riesigen Hallelujah, der reinsten Liebenswürdigkeit und weißem Licht.

Ich traf mit einem Lebensmittelkorb ein, den ich in dem gutsortierten, aber überteuerten Delikatessenmarkt in der Ortschaft erstanden hatte.

Mich erstaunt jedes Mal, daß ein heiliger Ort wie dieser in einer perfekten »Schöner-Wohnen«-Kulisse wie Montecito, mit all seinen Louis-XIV-Möbeln, unbezahlbaren Teppichen und schweren Vorhängen, existieren kann. Der Vedanta-Hinduismus tut dagegen alles, um den Menschen von überflüssigen Anbindungen an die Welt zu befreien, damit er Gott finden kann. Eine Menge reicher und berühmter Einwohner in Montecito, Santa Barbara und Ojai reißen sich um Plätze bei den ruhigen Tempelandachten und Meditationen.

Bei meiner Ankunft stürzten sich die Nonnen auf mich, und ich erzählte ihnen jeden Witz und alle Anekdoten, die ich seit meinem letzten Besuch bei ihnen gehört und erlebt hatte.

Direkt nach dem Abendessen machten Swami und ich einen Spaziergang durch die umliegenden, paradiesisch anmutenden Berge. Als die Sonne unterging, zog vom Ozean Abendnebel heran.

Lange Zeit sagte keiner von uns ein Wort.

Swami war es, der schließlich die Stille brach. »Ramapriya, was hat die Astrologie über meine Gesundheit zu sagen? Du kannst offen mit mir reden. Ich bin ein großer Junge, wie ihr Amis zu sagen pflegt.«

Ich hielt einen Moment inne, um mir das Horoskop meines Gurus zu vergegenwärtigen. »Es könnte durchaus sein, daß etwas mit deiner Leber oder Gallenblase nicht stimmt und du Schmerzen hast. Denkst du an einen chirurgischen Eingriff?« fragte ich behutsam.

»Morgen um acht werde ich mir die Gallenblase entfernen lassen«, sagte er, ohne dabei seinen Schritt zu verlangsamen.

»Weshalb fragst du mich nach deiner Gesundheit, wenn du bereits einen Termin für die Operation hast?« fragte ich überrascht.

»Ich wollte sichergehen, daß die Sterne der Medizin nicht im Wege stehen«, sagte er mit leisem Kichern. »Weshalb stellst du deine Meditation in Frage, wenn du bereits tust, was sie dir empfiehlt?« gab er ohne zu zögern zurück.

Ich fragte mich, woher Swami wußte, was ich dachte, und wie es ihm immer wieder gelang, mich aus meinen Denkmustern zu befreien.

»Während meiner Meditation wurde mir mitgeteilt, daß ich mich mit Hilfe einer Klärung auf das kommende Millennium vorbereiten soll«, brach es aus mir heraus.

»Ramapriya, bleib im Hier und Jetzt. Arbeite mit deinen Klienten, solange sie mit dir arbeiten wollen. Das Millennium kann sich um sich selbst kümmern«, belehrte mich mein Meister.

Ich war noch nicht fertig und beschloß, es diesmal drauf ankommen zu lassen. »Während meiner Meditation habe ich Informationen über die himmlische Hierarchie erhalten und darüber, wie gefallene Engel durch die Anwendung spiritueller Prinzipien zu Gott zurückfinden können. Gestern nun habe ich auf diesem Weg erfahren, daß das Ego mein Feind ist, und jetzt haben sich eine Menge Fragen zu diesem Thema aufgestaut.«

Mit einer Handbewegung bedeutete Swami mir, unter einem großen alten Eichenbaum Platz zu nehmen. Augenblicklich begab er sich in eine Yogaposition und fing an zu meditieren.

Während er seinem veränderten Bewußtsein zustrebte, begann er zu sprechen: »Die Antworten liegen dort, wo sich auch die Fragen befinden. Möglicherweise ist es dein eigenes Ego, welches dir falsche Antworten zu falsch gestellten Fragen liefert.«

Mit diesen Worten begab sich der Swami an jenen geistigen Ort, den er immer aufzusuchen pflegte, wenn er meditierte. Ich hatte mein Tagebuch mitgebracht und beschloß, meine neugewonnene Fähigkeit auf die Probe zu stellen und zu versuchen, bewußt einige der spirituellen Prinzipien niederzuschreiben. Ich drapierte mir meinen Gebetsschal um die Schultern, legte mich flach auf den Bauch und begann zu schreiben.

Prinzip 2:
Gott befindet sich in deinem Inneren

Als Kind hatte ich unbedingt Gott kennenlernen wollen. Mein Verstand war offen, aber verwirrt. Als kleiner Junge in den Südstaaten fragte ich mich oft, weshalb ich mit deformierten Füßen in diese Welt gekommen war.

Ich erinnerte mich an die ersten schmerzhaften, frustrierenden Jahre meines Lebens. Solange ich von den Ärzten und Krankenschwestern im Duke-Krankenhaus in Durham wie ein kleiner Prinz behandelt worden war, hatte ich mir keine Sorgen darüber machen müssen, wie ich auf eigenen Füßen stehen sollte. Doch als ich nach Hause zu meinen Eltern, Brüdern und Schwestern kam, erhoben sich zum ersten Mal Fragen wie: »Wer sind eigentlich diese Leute, und was wollen sie von mir? Warum kann ich nicht gehen? Wo sind meine Diener? Weshalb behandeln sie mich so komisch? Wissen sie nicht, wen sie vor sich haben?«

Im Alter von fünfundzwanzig Jahren las ich *Many Mansions* von Gina Cerminara, ein Buch, das auf den Fallstudien des »Schlafenden Propheten« Edgar Cayce beruhte, der seine Diagnosen in tiefer Trance zu stellen pflegte. Cayce faszinierte mich, weil er ebenso wie ich als Christ geboren worden war und eine unkündbare Verbindung zu Jesus Christus empfand.

In *Many Mansions* wird behauptet, daß jeder Mensch dem Schmerz, den er anderen zugefügt hat, selbst begegnen muß. Werden die offenen zwischenmenschlichen Rechnungen nicht im gleichen Leben beglichen, so verlagert sich die Schuld in die folgenden Leben. Mit Hilfe dieses Buches begriff ich zum ersten Mal, daß ich einst ein Centurion gewesen war, der Kreuzigungen ausgeführt und überwacht hatte.

Dr. Cerminara lernte ich erst gegen Ende ihres Lebens persönlich kennen, und als ich sie fragte, ob ich tatsächlich ein Centurion gewesen sei, erklärte sie mir, daß jemand, der seinen Vorleben offen und klar gegenüberstehe, mit Ehrlichkeit und Objektivität belohnt werden würde. Sie sagte außerdem, daß mit der Zeit eine Menge Bestätigungen für meine Schlußfolgerungen eintreffen würden, und sie behielt recht.

Ich wußte, daß ich Klumpfüße hatte, weil ich zu Lebzeiten Christi die Füße verurteilter Verbrecher gebrochen hatte. Eine Verformung des Körpers kann jedoch mehr als nur einem karmischen Aspekt dienen. Meine Klumpfüße erinnerten mich außerdem daran, wie schwierig es war, auf eigenen Füßen zu stehen.

Aus irgendeinem Grund war es für mich weit weniger schwierig, Zugang zu meinen Vorleben zu erlangen, als herauszufinden, wer Gott war und was er von mir erwartete. Ich hatte mit den gleichen Schwierigkeiten wie alle anderen Menschen zu kämpfen, die auf ebensolche Weise nach Gott suchten und wissen wollten, wer Gott ist, anstatt zuzulassen, daß er sich ihnen zeigte.

Gott zu kennen bedeutet, den schnatternden, verwirrten Verstand zu beruhigen. In der daraus folgenden Stille ist es Gott möglich, sich im Herzen des Menschen wieder zu entfalten. Der erste Schritt zu Gott besteht darin, innere Ruhe zu erlangen. Machen Sie es sich deshalb zur festen Angewohnheit, täglich zu beten und zu meditieren. In den östlichen Religionen werden zu diesem Zweck sogenannte Mantras vergeben, Worte oder Wortfolgen, die beständig wiederholt werden, um den Verstand zu ermüden.

Die Vedanta Press in Los Angeles veröffentlichte 1953 das Buch *How to Know God* von Swami Prabhavananda und Christopher Isherwood. Die darin enthaltenen Yoga-Aphorismen lehren, daß Gott als Brahman bezeichnet wird und daß der Mensch Gott in seinem eigenen Inneren (dem Atman) durch Konzentration und Meditation erreichen kann.

Wenn Ihnen Fragen gestellt werden oder Sie mit Ihrem Alltag beschäftigt sind, so werden Sie beinahe automatisch von Ihrem Ego überschattet. Unaufgefordert, doch unermüdlich ist es dazu bereit, Meinungen zu äußern, Angst zu verursachen und anderen Menschen zu mißtrauen. In einem Moment füttert Ihr Ego Sie mit vermeintlicher Grandiosität, im nächsten Augenblick mit Selbstzweifeln.

Suchen Sie Anleitung durch einen Meditationslehrer. Beginnen Sie damit, Yoga zu praktizieren – die spirituelle Disziplin und Technik, die es Ihnen ermöglichen wird, Wissen über die wahre Natur Gottes zu erlangen. Ziehen Sie sich zu Beginn an einen ruhigen Ort in der Natur oder bei sich daheim zurück. Schweigen Sie, und wenden Sie sich nach innen, dann wird Gott zu Ihnen kommen und Ihr Herz berühren. Ihr Verstand wird aufhören zu schnattern. Je mehr Sie beten und meditieren, desto schneller wird Gott erscheinen, und desto eher werden Sie in der Lage sein, ein inspiriertes und angstfreies Leben zu führen.

Ich habe mir den Vedanta-Hinduismus zu meiner Religion erkoren, weil in ihm alle Wege, die zu Gott führen, richtig sind. Die meisten Religionen haben Dogmen, Vorschriften und Regeln, die dazu dienen sollen, Ihnen den Weg zurück zu Gott zu erklären. Ich selbst bin in meinen Vorleben ein Prediger, ein Lehrer, ein Abtrünniger und ein Heide gewesen. In diesem Leben suche ich Gott in mir selbst, dort, wo er auch ist. Gott ist der Schöpfer aller Dinge, und davon ist auch das Ego nicht ausgenommen. Gott gestattet mir, soviel herumzuirren und mich so niederträchtig zu verhalten, wie es mir beliebt. Allerdings muß ich auch den Preis für diese Separation von Gott bezahlen.

Wenn ich zuviel trinke und einen Unfall verursache, dann lande ich im Knast; betreibe ich wahllos Sex, kann ich leicht krank werden; verurteile ich andere, werde ich selbst verurteilt. Nicht Gott hat mich verdammt, ich selbst schaffe meine eigene Realität, mein eigenes Karma.

Die Rolle Gottes in unserem Inneren besteht darin, zu lieben und uns anzuleiten, sobald wir dies zulassen. Gott läßt viele Dinge geschehen und gesteht uns zu, falsche Entscheidungen zu fällen. Geduldig wartet er darauf, daß wir des Müde- und Krank-Seins müde werden. Sobald wir bereit sind, unser Leben seiner Lenkung zu überlassen, wird es reibungsloser und weitaus kostengünstiger ablaufen, als dies vorher der Fall war.

Gott hat eine seltsame Art, sich um jeden Menschen persönlich zu kümmern. Er ist für Gleichberechtigung und gleiche Voraussetzungen. Ursprünglich sind wir alle gleich geschaffen worden. Karma sorgt dafür, daß die Wege mancher Menschen holpriger verlaufen als die anderer. Für diejenigen, die andere in ihren Vorleben terrorisiert und betrogen haben, wird das Dasein zu einer brutalen Reise mit schrecklichem Ausgang. Haben wir aber einmal die von uns angesammelte Schuld vollständig beglichen, so können unsere folgenden Leben leichter und freudiger verlaufen.

Am Anfang war das Karma aller Menschen gleich. Das quietschende, knarrende karmische Rad dreht und dreht sich; so kommen und gehen wir, werden geboren, leben gute und schlechte, manchmal mittelmäßige Leben, sterben und beginnen den Kreislauf durch erneute Geburt und Reinkarnation wieder von vorn.

Die Anziehungskraft des herannahenden Millenniums, einer Geistwende, besteht in der Desillusionierung vieler Menschen durch die fortgesetzt falschen Versprechungen ihrer Egos. Diese Seelen versammeln sich, um sich bei dem bevorstehenden Paradigmenwechsel gegenseitig unterstützen zu können.

Intuitiv weiß ich, daß ich spontan in der Lage bin, mich mit dem makellosen Prinzip des ewigen Wandels – Gott – zu verbinden, weil er in mir wohnt. Die meisten Menschen sind über ihre Beziehung zu Gott peinlich berührt. Er taucht nur im Zusammenhang mit religiösen Feierlichkeiten auf und scheint in ihrem Leben sonst keine Rolle zu spielen. Eine funktionierende und dynamische Beziehung mit Gott ist die notwendige Voraussetzung für ein fröhliches, erfülltes Dasein.

Die meisten Menschen halten Gott für eine strafende Instanz, die erst dann aktiv wird, wenn sie eines der zehn Gebote verletzen. Traditionell bedient sich die Kirche der Angst und der Einschüchterung als Mittel, um Abtrünnige zurück in ihr Dogma zu zwingen.

Ich dagegen betrachte Gott als einen Clown, der darüber lacht, wie ernst wir uns nehmen: Machtmenschen würfeln um die Weltherrschaft; Geschäftsleute und Manager wetteifern miteinander; Sportler kämpfen in den Arenen um ihren Sieg – und Gott lacht.

Bei meiner Initiation in die Vedanta-Gesellschaft wurde ich von meinen Freunden gefragt, wie gerade ich, der doch an nichts glaubte, einer Religion beitreten könne. Ich gestand, daß mir die Maxime »Alle Wege zu Gott sind richtige Wege« dies leichtgemacht hatte. In diesem Leben will ich jedes Menschen Weg zu Gott tolerieren, wie auch immer er aussieht.

Eine Religion, die trennt, ist eine Religion für Narren, und der Gefallene, der sich an Dogmen klammert, wird niemals nach Hause finden. Oft werde ich von Christen gefragt, ob ich an Jesus glaube, und wenn ich verneine, werde ich von ihnen angegriffen. Ich glaube alles und nichts. Wenn ich an alles glaube, muß ich mich nicht mit Fanatikern herumschlagen; glaube ich nichts, so weiß ich das, was ich weiß, aus eigener Erfahrung. Als ich Dr. Gina Cerminara traf, waren wir darüber einig, daß Wissen über bestimmte Dinge die Leidenschaft zur Wahrheit auf eine Weise verstärkt, wie es dem Glauben niemals möglich ist.

Die Bhagawadgita erinnert uns daran, daß der Krieg immer im Inneren stattfindet. Wer den Feind sehen will, muß nach innen schauen. Wer wissen will, was ihn zerstört und wahnsinnig macht, soll in den Spiegel sehen. Wenn Ego und Gott innen wohnen, dann findet dort auch die Großmutter aller Kriege – das Armageddon – statt.

Die wesentliche Aussage der Bhagawadgita besteht darin, daß jeder Mensch die Möglichkeit hat, diesen inneren Kampf, seine eigenen Dämonen und Teufel zu erkennen. Wer sich selbst als seinen eigenen Feind begreift, der beendet das Säbelrasseln und findet Stille und Frieden. Es wird keinen Feind mehr geben, es sei denn, wir bräuchten einen, nur um ihn zu bekämpfen.

Gott ist erfüllt von Liebe und darauf vorbereitet, jedem Menschen das Leben zu gewähren, das er führen will. Wir müssen erkennen, daß religiöse Verwirrung eine Folge von Autoritätsglauben ist. Gott ist konstant und ewig. Liebe braucht nicht verteidigt und verweigert zu werden. Gott ist Liebe. Einzig das fragmentierte Ego ist ständig darauf aus, zu täuschen und zu verwirren.

Der erste Schritt zu Gott besteht in der Beruhigung unseres Verstandes und dem Versuch, das Ego und seine negativen Einflüsse loszulassen. Bei einem meditativen, kontemplativen Leben wird jedem Menschen früher oder später Gottes Plan offenbart werden.

So wie sich der Theatervorhang während der Vorführung über einen spannenden Augenblick senkt, legte ich jetzt meinen Stift beiseite, während kleine Regentropfen von den blauen Blüten um mich herum auf das Papier fielen. Swami stand über mir.

»Ramapriya, ich weiß nicht, ob du im Schlaf sprichst, aber du murmelst während deiner Meditation. Kann es sein, daß du mit einem Bein hier und mit dem anderen im Jenseits stehst?«

Ich hatte mein Fragenreservoir noch nicht erschöpft und bohrte auf dem Weg zum Sarada-Konvent weiter: »Weshalb habe ich Schwierigkeiten, bedingungslos zu lieben?«

»Wenn Gott und Ego ein und dasselbe sind und sie beide in dir wohnen, so laß Gott einfach mehr zu Wort kommen und das Ego mehr zuhören. Vielleicht solltest du ein ganzes Wochenende schweigend verbringen, Ramapriya.«

Ohne zu reden, setzten wir unseren Weg fort, während ich deutlich spürte, wie Gott daranging, mein Ego in den Schlaf zu wiegen.

Kapitel 6

RÜCKKEHR

Die dunkle, dürftige Behausung der Seele, zerschlagen und zerfallen, läßt endlich neues Licht durch die Ritzen der Zeit fallen. Stärker durch Schwäche, so werden weise Männer, während sie sich ihrer ewigen Heimstatt nähern.
— Edmund Waller
»Verses upon His Divine Poesy«

Die Vorbereitungen für eine Gruppenreise mit zwölf Personen nach Ägypten stellt eine herkulische Aufgabe dar. Als Führer und Begleiter würde ich allein für das Wohlergehen dieser Pilger verantwortlich sein, die sich dort durch den ewigen Sand der Zeit schleppen würden, an vorbestimmten Treffplätzen aufgesammelt und pünktlich zu Touren und Mahlzeiten abgeholt werden mußten. Wer zu empfindlich und wählerisch ist und sich nicht anpassen kann, der sollte lieber daheim bleiben und sich *Tod auf dem Nil* mit Bette Davis anschauen.

Im November 1988 hatte ich Glück – meine Gruppe bestand aus ebensoviel Männern wie Frauen, die sich bis zum letzten

Tag so gut verstanden wie schon bei ihrem ersten Zusammentreffen auf dem Flughafen in New York.

Ägypten ist kein bequemes Reiseziel. Wir buchen gewöhnlich zwischen November und Mai, weil es in diesen Monaten nicht so heiß ist wie sonst. Die vom reflektierenden Sand aufsteigende Hitze kann selbst bei niedrigen Temperaturen vernichtende Wirkung haben. Deshalb befinden sich viele der Gruften dort unter der Erde.

Unsere Gruppe unter der Leitung des verstandigen Ägyptologen Atef Hassan, der bisher sieben meiner acht Touren durch Ägypten führte, hatte den Vorteil, klein und unscheinbar zu sein und konnte sich deshalb in allen Teilen Ägyptens einigermaßen unbehelligt bewegen.

Meine Erinnerungen an Ägypten trage ich nicht nur in Form eines Fotoalbums mit mir herum, sondern auch in meinem Herzen: eine wilde Achterbahnfahrt von einer Reise mit Pat Flanagan, dem Autor von *Kraft der Pyramiden,* und seiner schönen, magischen Frau, Gael Lavendar, einer Zauberin und weißen Hexe, die die Suchenden an ihrer Brust versammelte wie Mutter Hubbard; sowie der Frau, die durch ihre Bücher und Seminare soviel für das Bekanntwerden des Reinkarnationsgedankens getan hat wie Madame Blavatsky und Krishnamurti, die bekannte Schauspielerin Shirley MacLaine.

Obwohl wir die Reise Mitte der 80er Jahre machten, kam es mir so vor, als würde ich eine Zigeunerkarawane durch das Phantasieland Oz begleiten. Die Organisatorin und Leiterin der Gruppe war felsenfest davon überzeugt, daß sie in einem ihrer Vorleben eine ägyptische Priesterin gewesen ist. Sie trug ein entsprechend feierliches Kostüm – einen weißen, Ponchoähnlichen Pullover mit goldener Einfassung – und eine weiße Kerze, die sie mit in den Tempel von Karnak nahm. Sobald sie in Kairo aus dem Flugzeug gestiegen war, wurde sie zur Königin des Nils.

Auf dieser Reise waren die meisten der Pilger ebenfalls aus Birmingham, dem Ort meiner Initiation in die Geistwelt durch meinen Führer Paul und seine Verbindung mit dem Himmel.

Da ich Ägypten und Sedona als energetisch verwandte Orte empfand, war ich ein wenig nervös und fragte mich, was ich bei meinem Besuch in Abu Simbel, dem Grabmal von Ramses II, zu sehen und hören bekommen würde, ebenso im Tal der Könige und bei dem Schrein der einzigen ägyptischen Herrscherin, Hatshepsut; den Tempelanlagen von Luxor und Karnak und vielen anderen uralten, unheimlichen Fundstätten, Grabkammern, Museen und Antiquitäten.

Nachdem ich mich von Swami in Montecito verabschiedet hatte und mir klargeworden war, daß ich weiterhin starken Veränderungen in meinem Leben ausgesetzt sein würde, hatte ich die Reise so offen wie möglich angetreten und wartete geduldig darauf, wann und wo sich mir die passenden Informationen offenbaren würden.

So kurz nach der Harmonischen Konvergenz von 1987 (bei der sich die Energie des Planeten von männlich auf weiblich verschoben hatte) nach Ägypten zurückzukehren, ließ die Frage aufkommen, ob ich nun eher die Kraft der Isis als die von Osiris oder Ramses II. spüren würde.

Unsere Gruppe war im Mena-Haus abgestiegen, dem königlichen Jagdschloß von Khedive Isma'il, das rechtzeitig zur Eröffnung des Suezkanals, im Jahre 1869, in ein Gästehaus unterhalb der Cheopspyramide umgewandelt worden war. Moskitos und Fliegen stellten die einzigen Eindringlinge in die grünbewachsene und friedliche Idylle dar.

Die meisten Mitglieder meiner Gruppe waren jünger als ich, tanzten bis in die Puppen und sprangen trotzdem jeden Morgen ausgeschlafen in den Bus. Sie hatten ihr ganzes Leben darauf gewartet, dieses magische Land der Mythen zu sehen, und hatten nicht vor, ihre Zeit hier schlafend zu verbringen.

Bevor ich mich zur ersten Nachtruhe begab, saß ich auf meinem Balkon und starrte auf die große Pyramide, die ich fast mit der Hand hätte berühren können.

Ich dachte an meine Initiation in der Königskammer, die während eines astrologischen Phänomens zwischen dem 17.

und 19. November 1983 stattgefunden hatte. Ich war damals als Gast von Pat Flanagan mitgekommen.

Anhänger der esoterischen Astrologie waren damals der Ansicht gewesen, daß sich in diesen drei Tagen eine bisher ungekannte Kraft aus den äußersten Enden des Universums über die Anwesenden in der Cheopspyramide ergießen würde. Einige der Prognostiker, die die ganze Nacht in der Pyramide wachten, schworen sogar, daß die Wartenden zu einer besonderen Mission auf Erden auserkoren waren.

Als in der Grabkammer die Reihe an mich gekommen war und ich mich dem uralten Ritual zum Übertritt in ein höheres Bewußtsein unterziehen sollte, wurden mir besondere Kristalle auf die Chakren gelegt.

Lavendar stand am einen Ende der Gruft, sang und schwang Kristallstäbe durch die Luft, während ich in tiefer Meditation versank und in meinem Kopf aus unerfindlichen Gründen immer wieder den Namen Toulouse hörte. Ich fühlte mich anders als sonst, stärker, so als habe sich etwas Unerklärliches verlagert. Einige Jahre später würde ich mich auf die Suche nach dem Heiligen Gral machen, die in Toulouse begann, über die Pyrenäen führte und am Château Exa an der französischen Riviera endete. Bis zum Erscheinen von Paul in Birmingham fünf Jahre später widerfuhr mir nichts, was mit der Initiation in der Cheopspyramide vergleichbar gewesen wäre.

»Albert, du hast deine Kraft zurückbekommen«, sagte Pat Flanagan auf einer Kurzreise nach Griechenland, die wir an den Aufenthalt in Ägypten angeschlossen hatten.

Die ersten beiden Tage unserer Reise im Jahr 1988 verbrachten wir mit Besichtigungen und Einkäufen.

Am dritten Tag legte unser Dampfer vor Luxor an. Wir gingen ungefähr anderthalb Kilometer mit Atef Hassan nach Dendara, einem Tempel von Hathor, Göttin der Liebe und Fruchtbarkeit. Der Legende nach handelt es sich bei Hathor und Isis, der Muttergottheit in der ägyptischen Mythologie, um Aspekte der gleichen Gottheit. Osiris und Isis werden in der polytheistischen altägyptischen Religion als Vater und Mutter der Götter betrachtet.

Dendara ist nach einem anderen Tempel in der Nähe von Luxor ausgerichtet, Edfu, der Horus, dem Begleiter von Hathor, geweiht ist. Während einer Pause wanderte ich allein weiter durch die Irrgärten von Dendara und ging auf einen Lichtstrahl zu, den ich in einiger Entfernung sah. Das Licht fiel durch eine kleine Öffnung in der Decke des Tempels, in der sich früher die Halterung für eine besonders große Säule befunden haben mußte. Die Sonnenstrahlen brachen sich an den übriggebliebenen Stützen und kreierten eine Kaskade von Domino-Mustern.

Ich nahm auf einer kleinen Bank aus Marmor Platz und sonnte mich im warmen Glanz, der vom Himmel auf mich herabströmte. Ich legte meinen Kopf gegen eine Stütze, meine Augen schlossen sich, und mein Atmen wurde gleichmäßiger. Ich entspannte mich in einem kleinen Fahrstuhl, der mich an einen mir mittlerweile wohlbekannten Platz beförderte.

Prinzip 3:
Das Licht kann niemals irren

Am Anfang schuf Gott den Himmel und die Erde. Und die Erde hatte keine Form und war leer; und Dunkelheit lag über der Tiefe.

Und der Geist Gottes fuhr über die Wasser.

Und Gott sagte: »Es werde Licht«: und siehe, es ward Licht.

Und Gott sah das Licht und sah, daß es gut war: und Gott trennte das Licht von der Dunkelheit.

Und Gott nannte das Licht Tag, und die Dunkelheit nannte er Nacht, und der Abend und der Morgen waren der erste Tag.

Ich war nach Ägypten gekommen, weil das Bewußtsein nirgendwo sonst auf der Welt so hell oder dunkel erscheint. Beides wurde von Gott erschaffen. Genau wie Gott und das Ego in mir eins sind, sind Licht und Dunkelheit, Tag und Nacht Teile des kosmischen Ganzen.

»Weshalb komme ich so oft nach Ägypten, wo die Energie hier doch so häufig dunkel ist?« fragte ich mich. Ägypten repräsentiert eine Matrix von Wunschmustern. Ich bin gekommen, um Vorurteile und Bewertungen zu klären, die Licht und Dunkelheit immer wieder polarisieren.

Nachdem ich auf meiner ersten Reise 1983 in der Königskammer der Cheopspyramide initiiert worden war, wurde mein Licht stärker, und ich erkannte, daß sich die Richtung meines Lebens verändern und ich meiner Bestimmung zusteuern würde. Die augenblickliche Reise diente dazu, falsche Vorstellungen über die Beschaffenheit Gottes auszulöschen und sowohl Licht als auch Dunkelheit willkommen zu heißen.

Ich befand mich im Tempel von Dendera, um meine eigene Klärung voranzutreiben. Es ist unmöglich, anderen bei der Klärung zu helfen, wenn man selbst nicht geklärt ist. Ich lernte, daß meine Vorstellungen von Licht und Dunkelheit im Gegensatz zu den Naturgesetzen standen.

Dunkelheit ist die Abwesenheit von Licht, Liebe und der Harmonie Gottes. Der Mensch begibt sich in Dunkelheit, um dort das Geschrei und die Forderungen des Egos zu erleben. Auf tieferer, psychologischer Ebene repräsentiert das Dunkle eine Reflexion der Gedanken und Taten, die der Betroffene in der Abwesenheit Gottes vollzogen hat. Dunkelheit ist die Trennung von Gott.

Gott hat die Natur des Menschen verstanden. Nach seinem Bild geschaffen, war der Mensch nicht Gott, doch befand sich Gott im Menschen. Dunkelheit bedeutet Trennung von Gott. Licht ist eine Kraftquelle, die Einheit, Harmonie und Frieden dient; es ist nicht in der Lage, etwas zu verurteilen, da es ohne Vorurteile, Manipulationen, Arroganz oder Kontrollbedürfnis operiert. Licht *ist*. Dunkelheit *ist nicht*.

In jedem von uns ist Licht. Egal was wir tun, wie oft wir auch in die Dunkelheit flüchten mögen, das Licht hört nie auf. Sobald wir uns ehrlich eingestehen, was uns immer wieder in die Dunkelheit treibt – Trunkenheit, Drogen, Betrug, Lügen, Diebstahl, Neid und Begierde –, werden wir erleuchtet und befinden uns im Licht.

Die Leere, die die Abwesenheit Gottes in uns hinterläßt, wird durch Ablenkung gefüllt, die es uns beinahe unmöglich machen kann, unsere wahre Existenz wahrzunehmen. So bewegen wir uns auf die Dunkelheit zu und entfernen uns vom Licht. Ohne Dunkelheit gibt es kein Licht.

Der Mensch führt seinen Krieg am Arbeitsplatz, daheim, auf dem Schlachtfeld und in den Konferenzzimmern, weil er meint, kontrollieren und recht haben zu müssen. Das Ego/Dunkelheit wird durch die Akkumulation materieller Güter und den Drang nach sexuellen Eroberungen genährt. Schmerz lebt nur auf der flüchtigen Schwelle zwischen Dunkelheit und Licht.

So wie wir selbst bestimmen, wann wir in Dunkelheit leben wollen, können wir uns auch jederzeit entscheiden, ins Licht zurückzukehren. Es gibt keine Autoritäten, Kirchenfürsten, weisen Räte oder Kritiker, die imstande wären, den Menschen vom Licht fernzuhalten, da das Licht immer existiert und Teil des Menschen ist. Das Recht auf Licht ist ein Geburtsrecht des Menschen.

Von Zeit zu Zeit kommen Propheten und Lehrer auf die Erde, um die Gefallenen zu Gott zurückzuführen. Diese Führer werden verehrt und bewundert. Ihr Licht scheint hell, und ihre Anziehungskraft wirkt auf die Verlorenen. Buddha, Krishna, Jesus, der Dalai Lama und viele andere Vertreter der höchsten Stufe der himmlischen Hierarchie bringen die Verlorenen nach Hause zurück. Ihre Anhänger vermehren sich jährlich, um die Botschaft unter die ganze Menschheit zu bringen.

Das Licht kann niemals irren. Es war am Anfang und wird immer in unserem Inneren sein. Wählen wir den Pfad der

Dunkelheit, wird das Licht schwächer, doch die Quelle strahlt weiter. Ist der durch Trennung verursachte Schmerz groß genug, kann der Verlorene zum ursprünglichen Prinzip der Schöpfung zurückkehren. In jedem Augenblick seines Lebens kann der Gefallene den Anteil von Licht in seinem Leben vergrößern und zu Gott heimkehren.

Mit einem Mal wurde ich von einem Mitglied der Gruppe aus meiner Meditation gerissen.

»Albert, wir haben überall nach dir gesucht. Hast du dein Treffen mit der mysteriösen Frau um drei vergessen? Du sitzt hier und schläfst!«

»Ich schlafe nicht. Ich habe meditiert.«

»Ich habe genau gehört, wie du mit jemandem gesprochen hast, aber als ich näher kam, war niemand bei dir. Führst du immer Selbstgespräche während der Meditation?« wollte sie wissen.

Rechtzeitig zum Mittagessen trafen wir auf dem Boot ein. Danach legte ich mich zum Mittagsschlaf in meiner Kabine nieder und driftete sofort in den Bereich, aus dem die wahrhaftigen Informationen kommen. Wieder vernahm ich die kraftvolle Botschaft: *Das Licht kann niemals irren.*

Das ewig brennende, manchmal jedoch verdeckte Licht im Menschen ähnelt einer Pilotflamme, die darauf wartet, bei passender Gelegenheit ein erleuchtendes Feuer zu entflammen. Das Licht Gottes wird entfacht, sobald der Wanderer seine Untaten gutmacht und aus dem Weg räumt, was zwischen ihm und Gott steht.

Selbst die unbewußtesten Menschen merken, wenn jemand mit einer starken Lichtessenz den Raum betritt. Diese Personen besitzen starke Anziehungskraft und eine Aura der Schöpfungskraft. Schauspieler, Politiker, Prediger, Lehrer und Sprecher sind in der Lage, sich hohe Wattzahlen aus der ursprünglichen Lichtquelle abzuzapfen. Bewußtsein über die eigene Trennung von Gott und eine Wiederverbindung mit seinem Licht gestatten dem Verlorenen die Rückkehr.

Ich erinnere mich zum Beispiel daran, daß ich bereits lange bevor ich mit dem Trinken aufgehört hatte, wußte, daß ich Alkoholiker war. Agonie und Elend ließen mich schließlich beinahe zerbrechen. Gottes Gnade und seine Fähigkeit zu vergeben beförderte meinen ermatteten Geist ans Licht, wo ich Vergebung fand. Kein Mensch wird erleuchtet, ohne zunächst die Verantwortung für seine Handlungen zu übernehmen, die seine Trennung von Gott herbeigeführt haben.

Um zu Einheit und Gott zurückzukehren, ist eine spirituelle Erfahrung notwendig. Der Mensch muß willens sein, zu Frieden, Ausgeglichenheit und Harmonie zurückzufinden. Dem Ego zu entsagen und es als falsch und betrügerisch zu identifizieren stellt ein größeres Monument dar als die Pyramiden, der Nil oder die Tempel von Dendara. Das wahre Selbst wartet auf den Augenblick der Bereitschaft, zu Einheit und Liebe zurückzukehren.

Ich bin der festen Überzeugung, daß es innerhalb der nächsten Jahre, vor dem Eintritt des Millenniums, einen Paradigmenwechsel im menschlichen Bewußtsein geben wird. Das Licht der Liebe wird stärker werden, da sich immer mehr Menschen dafür entscheiden werden, ihre dunkle Egoseite auszuleuchten. Der Mensch fühlt sich von Liebe und ihrer Ausstrahlung unwiderstehlich angezogen.

Märtyrer wie Joan von Arc, Martin Luther King und Anwar Sadat haben bei dem Versuch, die Wattzahl des göttlichen Lichtes zu erhöhen, ihr Leben lassen müssen.

»Eine größere Liebe gibt es nicht für einen Mann als jene, die es ihm erlaubt, sein Leben für einen Bruder zu geben.«

Ich brauchte einen Moment, um die von Paul erhaltene Information zu verarbeiten. Genau wie er versprochen hatte, war ich durch die bloße Erwähnung des Wortes Licht ausgeglichener, hoffnungsvoller geworden und mit einer größeren Energie verbunden worden. Ich fühlte mich schwerelos und spürte in meinem Inneren ein friedlich ruhendes Zentrum.

Es war an der Zeit aufzustehen, um mich auf mein Treffen mit der mysteriösen Mitreisenden auf unserem Boot vorzubereiten. Unser Reiseführer hatte die Begegnung unter vier Augen mit dem Überraschungsgast arrangiert.

Ich nahm eine Dusche in der winzigen Duschkabine auf dem Boot, wo ich zunächst kalt duschte und dann unter der brühend heißen Dusche beinahe verbrannte, bevor ich mich für meine mysteriöse Verabredung anzog.

Auf einem Nildampfer gibt es mehrere Decks. Zwei davon sind gewöhnlich mit Passagierkabinen ausgestattet. Ein riesiger Eßsaal nimmt eineinhalb weitere Decks ein. Da ich im Unterdeck schlief, mußte ich drei Treppen erklimmen, um meine Verabredung zu treffen, die auf einem der Sonnendecks in einem Stuhl lag und zu schlafen schien. Die Dame trug einen beigefarbenen Hosenanzug und um die Schultern einen schwarzgemusterten Hermès-Schal. Ich erkannte das Profil, trotz der großen Sonnenbrille und näherte mich der Frau so leise wie möglich, um sie nicht zu wecken.

»Madame Sadat, ich bin Albert Gaulden«, stellte ich mich vor.

»Oh, Sie haben mich erschreckt«, erwiderte Jehan Sadat, die ich tatsächlich aus einem kurzen Nachmittagsschlaf geweckt hatte. »Bitte nehmen Sie Platz.«

Ich justierte den Stuhl so, daß ich sie besser sehen konnte, und setzte mich.

»Ihr Reiseleiter hat erwähnt, daß Sie häufiger mit meinem Ehemann Anwar sprechen«, sagte sie mit einem Lächeln.

»Ich spreche oft mit ihm, weil ich ihn zu Lebzeiten sehr verehrt habe. Kein anderer Mensch hat mich so berührt wie er. Als er starb, habe ich um ihn wie um einen Vater getrauert. Ich nenne ihn immer noch das hellste Licht Ägyptens.«

Madame Sadat schwieg und sah mir in die Augen, und es schien eine Ewigkeit zu dauern, bis einer von uns das Wort ergriff. 1981 war Sadat während einer Militärparade einem Attentat zum Opfer gefallen. Ich hatte ihn 1978 in der Lobby des *Regency Hotels* in New York gesehen, als er, Menachem Begin und Jimmy Carter sich dort zu Friedensverhandlungen getroffen hatten. Ich empfand seine äußerst kraftvolle Energie als elektrisierend und faszinierend.

»Anwar liebte alle Menschen«, sagte Madame Sadat ruhig. »Er hat mehr an den Frieden im Nahen Osten geglaubt als jeder andere.«

Ich hörte Pauls Stimme:

Der Mensch liebt die Dunkelheit mehr als das Licht.

Wieder versanken wir in Schweigen. Diese mächtige, mutige Frau hatte die Welt der Araberinnen mit ihrem Buch *Ich bin eine Frau aus Ägypten* für immer verändert. Wie limitiert doch Worte waren, dachte ich. Von Herz zu Herz konnten wir auf einer anderen Ebene kommunizieren.

Schließlich unterbrach ein Butler, der uns Tee servierte, die Stille, und für die Dauer einer Stunde sprachen wir über meine Reise nach Ägypten.

»Mich interessiert, weshalb Ihre Leute so häufig nach Ägypten kommen«, sagte sie.

»Ich lebe in Sedona, Arizona«, sagte ich. »Und die Energien der beiden Orte sind sehr ähnlich. Die Hopi-Ältesten behaupten, daß wir von den Ägyptern abstammen. Ägypten zieht uns an, genau wie Sedona Menschen anzieht, die dort meditieren oder die transzendentale Energie des Ortes spüren wollen. Wir versammeln uns an den Ufern des mystischen Nils wie zu einem Familientreffen.«

Sie wollte den Rest der Gruppe kennenlernen, weil sie uns bei einer Geburtstagsfeier beobachtet hatte und sich über die Herzlichkeit und die Geschenke, die sich die Gruppenmitglieder gegenseitig gemacht hatten, gefreut hatte.

Als ich gehen wollte, ergriff sie meine Hand und hielt sie für einen Augenblick: »Danke, daß Sie über Anwar gesprochen haben. Es bedeutet mir viel, daß andere Menschen ihn ebenfalls lieben.«

»Ich hoffe, Sie halten mich nicht für aufdringlich, aber ich habe das Gefühl, daß Sie und Präsident Sadat Zwillingsflammen sind, die einander den Weg weisen. Wenn ich Sie anschaue, dann sehe ich ihn. Sein Licht und Ihr Licht können nicht irren. Verstehen Sie, was ich damit sagen möchte, Madame Sadat?«

Sie nickte mit geschlossenen Augen.

Ich winkte meiner Gruppe, die uns von der Lobby aus anstarrte. Aufgeregt wie die Kinder kamen sie näher, und nachdem ich alle Madame Sadat vorgestellt hatte, überreichte ihr jeder ein Geschenk.

Zum Gehen gewandt, drehte ich mich noch einmal um: »Madame Sadat, ich möchte Ihnen noch sagen, daß Präsident Sadat nicht tot ist. Er lebt. Ich kann seine Anwesenheit spüren und ihn sehen. Ich danke Ihnen für den Mut, sich weiterhin auch in seinem Sinn öffentlich zu äußern.«

Jehan Sadat lächelte und nickte. Dann wandte sie sich von mir ab und blickte auf das Land, das wir hinter uns ließen. Ich wußte, daß sie allein sein wollte, und ging.

Als die sternenklare Nacht über Ägypten fiel, sah ich die Silhouette meines Nachmittagsengels, wie sie die Sandsteinstufen auf den darüber befindlichen Boulevard hinaufstieg. Als sie oben angekommen war, blickte sie noch einmal auf das Boot zurück, und ich winkte ihr zu. Madame Sadat stieg in ein Auto und verschwand.

Den größten Teil der folgenden Nacht saß ich allein auf dem Deck, während ich mich erinnerte, entspannte und losließ.

Gegen zwei Uhr nahm ich mir einen Stapel Decken von einem der umstehenden Tische. Immer wieder rutschte ich in tiefere Bewußtseinsstufen, schlief und träumte, bis Paul mir schließlich eine gute Nacht wünschte und mich mit den Worten: »Das Licht kann niemals irren« der Obhut Gottes überließ.

Beim Frühstück am nächsten Morgen bat mich der Kapitän, einen Spaziergang mit ihm zu machen. Er brachte mich zur Tür von Kabine 201. 2+1=3, und drei ist meine Lebenszahl, dachte ich, als wir eine elegant möblierte Suite betraten, deren Größe und Aussicht auf die draußen vorbeiziehende malerische Landschaft mir beinahe den Atem verschlug.

»Die Suite wurde bis gestern nacht von Madame Sadat bewohnt. Als verspätetes Geburtstagsgeschenk bittet sie Sie darum, die drei Tage bis zum Ende Ihrer Reise darin zu wohnen«, sagte der Kapitän und überreichte mir den Schlüssel.

Ich ließ mich auf der Couch nieder und bestaunte die Schönheit der Kabine, die groß genug für ein Doppelbett mit goldeingelegtem antikem Kopfende war. Die gesamte Kabine sowie der daran angrenzende Raum waren mit teuren Antiquitäten, persischen Teppichen und impressionistischen Aquarellen ausgestattet.

Ich ließ mir ein Bad in den Jacuzzi einlaufen, verstaute mein Gepäck, das man mir nachgebracht hatte, und versank in den parfümierten Schaumwolken. Die Stimmung schien mir genau richtig, um mein Tagebuch fortzuführen. »Wer sich nicht daran erinnert, wo er war, wird auch nie erfahren, wohin er geht«, hatte mir mein erster spiritueller Lehrer beigebracht.

»Ich sitze hier in Suite 201, der ehemaligen Kabine von Jehan Sadat, und fühle mich wie der Pharao persönlich. Ich habe mich schon immer mit Ramses II. identifiziert. Wer weiß?

Ich muß daran denken, wie seltsam es doch ist, daß ich mich Bekannten, Mitreisenden, Klienten, ja selbst Madame Sadat verbundener fühle als meiner eigenen Familie. Weshalb unternehme ich lieber eine Reise mit zehn Fremden als mit meinen Eltern, Brüdern oder Schwestern?«

Ich stieg aus der Wanne, trocknete mich ab und öffnete eines der Bullaugen, um mir frischen Wind ins Gesicht wehen zu lassen. Ein Sonnenstrahl, der von der Wasseroberfläche reflektiert wurde, erhellte den Raum. Ich griff wieder zu meinem Stift und begann wie von allein zu schreiben, als ob das höhere Selbst sich durch meine Feder Ausdruck verschaffen wollte.

»Bücher, Kassetten, Seminare und Predigten haben ihre Wirkung auf die Menschheit, doch benötigt sie vor allem Wissen aus erster Hand, ohne dabei auf äußere Quellen angewiesen zu sein. Heute wirst du damit beginnen, ein neues spirituelles Prinzip niederzuschreiben. Du wirst dich dafür nicht in Meditation versenken müssen, denn du selbst bist die Information und das Wissen. Wenn du dich darauf vorbereitest, das Wissen aufzuzeichnen, so setze dich einfach still hin, und nimm einen Stift zur Hand. An anderen Tagen kannst du den Computer oder ein Aufnahmegerät benutzen.«

»Du, Gott und dein Ego sind eins. Diese drei Aspekte deiner selbst können bei der Erschaffung deines wirklichen Selbst zusammenarbeiten.«

Prinzip 4:
Die Familie ist der karmische Spiegel

Die gesamte Menschheit ist miteinander verwandt. Um unsere Lektionen schneller zu lernen, teilen wir uns in Familien auf. Die erweiterte Familie deutet ebenfalls auf karmische Lektionen hin, die noch zu lernen sind. Wir sind unsere eigenen Väter, Söhne, Mütter, Töchter, Freunde und Feinde. Von Leben zu Leben ändern wir unsere Rollen und pflegen unterschiedliche Beziehungen. In einem deiner Vorleben kann deine Mutter dein Sohn, ein Vater mit seiner Tochter verheiratet gewesen sein.

Kein Mensch braucht über den Stammbaum hinauszuschauen, um zu verstehen, was er in seinem Leben zu klären hat. Wenn Daddy ein Säufer ist, überprüfe deine eigene Toleranzschwelle in bezug auf Alkohol. Wie hoch stehst du auf der Richterskala anderer Süchte und Obsessionen?

Wo und bei wem suchst du nach Fehlern und nach Schuldigen für das Vorgefallene? Schau in Daddys Gesicht. Sieh dir an, wer deine Mutter in Wirklichkeit ist. Schau dir Bruder und Schwester an, bis du einen guten Blick auf deine eigenen Schwächen und Missetaten geworfen hast. Lüge, betrüge, stehle und leugne ruhig alles – der Reflexion im Spiegel des Karmas wirst du nicht entgehen können.

In dem Horrorfilm deiner Familie gibt es keine Opfer. Opfer sind von außen nach innen gekehrte Täter. Irgendwo in der Zeit hast du eine schlechte Saat gesät, deren ominöse Früchte du jetzt ernten darfst. Wir können nicht Gier, Egoismus und Ausschweifungen säen und dann erwarten, süße Früchte zu ernten.

Die Bibel nennt Vergeltung die Sünde der Väter, und ich sage, es bedeutet zu bekommen, was du verdienst. Im Blut jedes Menschen befindet sich eine kosmische DNS, die bestimmt, was der Betreffende in seinem Leben tun wird und worin seine karmischen Aufgaben bestehen. Der Zeitpunkt seines Todes ist ebenfalls im Blut enthalten. Wenn die DNS imstande ist, uns mitzuteilen, wie jemand aussieht, für welche Krankheiten er anfällig ist, welche Schwächen und Stärken er hat, dann kann sie auch als Wegweiser der Seele dienen.

Vielleicht fragst du dich, weshalb ich behaupte, daß wir der Vergeltung nicht entkommen bzw. es nicht vermeiden können, in bestimmte, karmisch bedingte Familienverhältnisse geboren zu werden – es liegt uns im Blut, das wie ein kosmischer Reisepaß Auskunft über unseren Aufenthaltsort geben kann.

Wenn Onkel Johann in einem Autounfall stirbt, so hat er in einem anderen Leben aus Versehen einen anderen Menschen getötet. Es spielt dabei keine Rolle, ob dies mit einem Planwagen oder einer Kutsche geschah. Er hat ein Leben genommen und muß nun selbst erfahren, wie es sich anfühlt, verletzt zu werden. Meine Klienten wundern sich immer wieder, wie es sein kann, daß ihren Familienheiligen, die nie einer Fliege etwas zuleide tun konnten, etwas Schreckliches zustößt. Weshalb wurde Tante Mildred vergewaltigt und ermordet? Weil sie in einer früheren Existenz genau das gleiche Verbrechen begangen hat.

»Die Guten sterben früh«, lautet die egozentrische Erklärung und Rechtfertigung für das frühe Ableben eines Menschen. Hier in Amerika sind wir berühmt dafür, die Toten zu verehren und als bessere Menschen darzustellen, als sie in Wirklichkeit waren. Junge Menschen sterben, weil ihre Lebenszeit abgelaufen ist und sie mit ihrem Tod Karma erfüllen. Keiner von uns weiß, was sich im Inneren unserer Herzen befindet, der Quelle unserer Sünden und unserer Absolution. Dies ist der einzige Ort, der Gott geblieben ist, und er benutzt ihn zur Wiederherstellung des ursprünglichen Gleichgewichts.

Was siehst du, wenn du schaust; was hörst du, wenn du lauschst? Sieh »Opfer«, und du hast ein Theaterspiel, welches dich für ewig miserabel und unglücklich halten wird. Höre, wie alle in einem fort auf dir herumpicken, und du wirst auf den unteren Ebenen des Lebens gefangen bleiben.

Laut DNS werden wir mit siebzig so aussehen, wie unsere Eltern mit siebzig ausgesehen haben, ihre Krankheiten bekommen, die gleiche Menge Haare verlieren und uns alle ihre Angewohnheiten zu eigen gemacht haben. Was für unsere äußeren Merkmale gilt, gilt auch für unsere Handlungsweise und Reaktionen. Wenn wir die Augen unseres Vaters erben können, weshalb dann nicht auch seinen Alkoholismus?

Niemand muß zum Alkoholiker werden, nur weil der Vater einer ist. Er kann über ausreichend andere destruktive Qualitäten verfügen. In jedem Fall tragen Kinder das Karma ihrer Eltern mit.

Jeder von uns hat irgendeine Form der Abhängigkeit oder Sucht, und wir alle sind bis zu einem bestimmten Punkt ein Produkt der Geheimnisse unserer Familie.

Jeder Mensch muß sich deshalb bewußt dafür entscheiden, jede nur mögliche Hilfe bei der Klärung seiner Geheimnisse und Probleme in Anspruch zu nehmen. Gesunde Menschen befinden sich in Therapie; kranke Menschen verleugnen, daß etwas mit ihnen nicht stimmt. Eine tiefe, schmerzhafte Bestandsaufnahme und Analyse der Familiengeheimnisse kann zu einer Entdeckung des Familienschatzes führen. Dazu müssen wir zunächst unserem Ego begegnen, das uns zu einem Leben in Separation und Furcht verleiten möchte.

Egal, welcher Rasse, Hautfarbe oder welchem Glauben wir angehören – alle stammen wir von gefallenen Engeln ab, und unser erster Schritt in Richtung Ehrlichkeit besteht darin, daß wir aufhören, uns Geschichten über unsere eigene Besonderheit zu erzählen, um unser schlechtes Verhalten zu rechtfertigen. Für fortgesetzt geistesgestörtes Verhalten kann es keine Entschuldigung geben.

Die Familie ist der Mikrokosmos unseres Elends; von ihr hängt es ab, wie wir mit der Außenwelt zurechtkommen. Wir sollten immer daran denken, daß sich unter der Wut unserer Väter ein liebender, fürsorglicher Engel versteckt, der seine wahre Natur vergessen hat; daß die Mütter unser Karma kennen und ihm dienen, indem sie uns weniger Aufmerksamkeit und Liebe zukommen lassen. Mit Phantasie und Kreativität kann es uns gelingen, hinter die aufgesetzten Masken zu schauen und herauszufinden, daß niemand von uns der ist, der er vorgibt zu sein.

Der menschliche Verstand ist ein Speicher voller Informationen, die dort wie Nahrungsmittel, die zu lange im Kühlschrank gelegen haben, zu stinken beginnen. Logik und Verstand werden verzerrt, ohne daß sie jemals in aller Offenheit und Ehrlichkeit von uns betrachtet worden wären.

Einer meiner spirituellen Lehrer hat einmal gesagt, daß unsere vergangenen Untaten wie über die Jahre festgetretener Schmutz auf einem Holzboden sei. Poliert man den Boden, glänzt die Oberfläche, doch darunter bleibt es schmutzig.

Ich legte den Federhalter zur Seite und dachte an meine eigene Familie. Geschiedene Eltern. Ein unzuverlässiger Vater, der kein Versprechen einhielt. Ein Säufer und Tunichtgut, aber im Herzen auch ein Kind, der eine Schildkröte aus ihrer Schale hervorschmeicheln und traurige Menschen zum Lachen bringen konnte. Vielleicht ein verhinderter Poet. Ein maskuliner Mann, athletisch und von extremem Konkurrenzdenken geprägt. Ein vollkommen verantwortungsloser Vater und Ehemann, der blind und von Krebs verzehrt im Jahre 1980 gestorben war.

Mutter war Mutter Teresa gewesen, die sechs Kinder in einer Sozialwohnung großzog. Attraktiv und mutig, hatte sie alles für ihre Kinder geopfert. Begegnete ihr im Leben etwas Unangenehmes, so steckte sie den Kopf in den Sand und tat so, als sei es nicht geschehen. Abstinent, gottesfürchtig und gewissenhaft, wurde sie von all ihren Bekannten bewundert.

Ich habe drei Schwestern und zwei Brüder, die von Anfang an in zwei Lager geteilt waren. Die einen sahen aus und benahmen sich wie meine Eltern, und die anderen hätten zu einer anderen Familie gehören können. Beschämt, doch ehrlich und ausdauernd, kannten die Geschwister ihren Platz in der Welt und verließen ihn nie. Ich kannte meinen Platz nicht, kenne ihn heute noch nicht und werde ihn auch in der Zukunft nicht kennen. Gott allein – und nicht etwa soziale, politische oder geschäftliche Verbindungen – öffnet mir die Türen.

Wir sind unsere Eltern und umgekehrt. Als ich abstinent wurde, rief ich meinen Vater an, um mich bei ihm für meinen Egoismus und meine Lieblosigkeit zu entschuldigen, die es mir nicht einmal gestattet hatten, ihm eine Postkarte, geschweige denn einen Telefonanruf zu seinem Geburtstag zukommen zu lassen. Ich war erstaunt, wie sehr ich ihm ähnelte: Beide waren wir Alkoholiker, unzuverlässig und extrem jähzornig.

Mein Vater nannte uns selbst dann noch seine »Jungs«, als Bill, Hank und ich bereits über vierzig waren. Ich werde niemals unser Telefongespräch vom 28. April 1980 vergessen:

»Junge, du bist immer mein Liebling gewesen. Wieso denkst du, daß du mich beschämt hättest?«

»Weil ich kein Sportler geworden bin wie Bill und Hank.«

Mein Vater hatte Basketball in der Amateurliga gespielt und sein ganzes Leben lang Mannschaften trainiert.

»Wenn Gott gewollt hätte, daß du Sport treibst, dann hätte er dir keine Klumpfüße beschert, Junge. Gott wollte, daß du deinen Verstand benutzt und Lehrer oder Schriftsteller wirst. Ich habe dich sogar nach mir benannt, obwohl Bill der Älteste war. Wir beide sind aus dem gleichen Holz geschnitzt: draufgängerische Saufbolde.«

Am nächsten Tag starb mein Vater, und ich liebe ihn bis heute.

Die wesentlichen Charaktereigenschaften meiner Mutter, wie Ausdauer und Entschlossenheit, haben eher nach meiner Rehabilitation auf mich abgefärbt, als daß ich sie in meiner Jugend bemerkt hätte. Meine Mutter war Perfektionistin und fragte sich jedesmal, wie man eine Sache effektiver hätte regeln können, und dieses Verhalten habe ich direkt von ihr übernommen. Beide waren wir nicht übermäßig beliebt, schliefen aber tief und mit ruhigem Gewissen. Auch wenn ich es nicht akzeptieren wollte, so war sie doch immer mein bester Freund gewesen.

Wir können unsere Verwandten und insbesondere unsere Eltern nur dann objektiv betrachten und lieben, wenn wir verstehen, wie sehr wir ihnen im Guten und im Schlechten ähneln. Dabei sollten wir niemals vergessen, daß sie nicht diejenigen sind, für die wir sie halten. Wir alle benutzen unsere eigenen Ängste, Vorurteile und psychologischen Unklarheiten, um uns gegenseitig zu erfinden.

Im Leben jedes Menschen kommt der Zeitpunkt, an dem er sich von einem Familienmitglied verabschieden muß. Wenn sich die karmischen Beweggründe für ein Zusammensein erschöpft haben, trennen sich die Wege. Beziehungen sind oft Ausdruck karmisch bedingter Lektionen und stellen nicht unbedingt lebenslange Bindungen dar.

Viele von uns behaupten, bei der Geburt vertauscht worden zu sein. Bis zu dem Moment, als ich die karmischen Gesetze akzeptierte und verstand, daß ich fühlen mußte, was ich anderen angetan hatte, war ich der gleichen Ansicht gewesen. Schließlich gelang es mir, meine Familie als Teil meiner selbst zu sehen und sie sogar zu lieben.

Das Blut meiner Familie väterlicherseits ließ es mehr als wahrscheinlich erscheinen, daß ich zum Alkoholiker werden würde. Ich war gezwungen zu akzeptieren, daß meine kritische und pedantische Mutter ebenso einen Teil von mir darstellte wie mein unzurechnungsfähiger und alkoholisierter Vater. Meine Geschwister haben mich mehr Bescheidenheit gelehrt, als ich in einem Waisenhaus hätte finden können – sie alle waren die Schauspieler in einem von mir verfaßten Theaterstück, welches weiterlief und aus dem ich nicht aussteigen konnte.

Wenn ich mich weigerte, mir anzuschauen, was ich in diesem Leben lernen sollte, so würde ich so oft auf die Erde zurückkehren, bis ich dazu bereit war, der Wahrheit ins Auge zu blicken. Die mich begleitenden äußeren Umstände würden jedoch mit jedem weiteren Leben drastischer und unangenehmer werden.

Wenn ich an all die Menschen denke, die ich nicht leiden kann, stelle ich fest, daß ich auch sie bin. Ich schaue auf meine Freunde und Personen des öffentlichen Lebens, die ich bewundere. Ich bin auch sie. Sobald ich alle falschen Konzepte über meine eigene Identität kläre, kläre ich auch den Spiegel des Karmas.

Lieben Sie jeden in Ihrer Familie, jeden Ihrer Freunde, Nachbarn, Mitarbeiter und Feinde, ohne sich ihnen verhaftet zu fühlen und sich von ihren Meinungen und Ansichten abhängig zu machen.

Kapitel 7

ZUSAMMENHANG

Wer die Gegensätze vereint und das Innen zum Außen und das Außen zum Innen macht und den Himmel zur Erde, wer den Mann zur Frau und die Frau zum Mann, der wird das Himmelreich betreten.
— Das gnostische Evangelium des heiligen Thomas

Nach den Anstrengungen der Reise durch Ägypten unternahm ich einen Abstecher nach Griechenland. Die Nilwüste ist kein idyllisches Reiseziel für Pauschalurlauber. Das Tal der Könige und die Großen Pyramiden, die Sphinx, die Tempel und Gruften bereiten den Besucher auf Tod und Wiederaufstehung vor. Intuitiv erfährt er dort eine Veränderung seines Bewußtseins, die Stille schafft und ihn an eine Art spirituellen Rastplatz versetzt.

Ich meditierte weiterhin täglich. Paul tauchte allerdings nicht jedesmal auf, wenn ich in einen veränderten Bewußtseinszustand eintrat. Das war auch nicht nötig. Er hatte mir gesagt, daß ich in der nächsten Zeit daran arbeiten würde, die von ihm erhaltenen Informationen in meinen Alltag zu integrieren. Ich vertraute ihm, und es funktionierte.

Mir wurde klar, daß ich keinesfalls besondere Privilegien besaß und dazu bestimmt war, die Menschheit auf den rechten Kurs zurückzubringen, sondern ein ganz gewöhnlicher Mann, der in Kommunikation mit Wesen getreten war, die er nicht sehen, berühren oder fühlen konnte. Trotzdem wurde ich das Gefühl nicht los, daß sich eine aufregende und gleichzeitig herausfordernde Veränderung in meinem Berufsleben anbahnte. Einer meiner Mentoren war eine der führenden Astrologinnen in den Vereinigten Staaten, Katharine de Jersey. Sie las mir mein Horoskop in Chicago und gab mir den Rat, mit der Klärung fortzufahren.

Als ich fragte, was andere tun könnten, um sich mit ihrem höheren Selbst zu verbinden, wurde mir gesagt, sie sollten meditieren und an ihrer eigenen Klärung arbeiten.

Einmal fragte ich Paul, weshalb ich seiner Ansicht nach geantwortet habe, als er meinen Namen während der Meditation nannte, und er erklärte, daß der Lehrer dann auftauche, wenn der Schüler dazu bereit sei.

Als ich aus Griechenland zurückkam, fand ich eine Unmenge Post und ein volles Band auf meinem Anrufbeantworter vor. Von Sharon Lawrence aus Hawaii erhielt ich spontan eine positive Aufladung. Sie war für Vorträge auf Maui zuständig und wollte, daß ich auf einer Konferenz über Beziehungen zwischen Mann und Frau sprechen sollte. Wir einigten uns darauf, den Abend unter das Thema »Männlich vs. weiblich – Das Beziehungsdilemma« zu stellen.

Maui ist einer der spirituellen Kraft-Plätze der Welt, aber trotzdem war das Flugzeug voller bleicher Mai-Tai-durstiger Touristen aus dem mittleren Westen. Meine Gastgeber begrüßten mich auf der Rollbahn in Kahului mit frischen Blütenkränzen, die den schönsten Duft verströmten.

Wir fuhren direkt zum Gemeindezentrum in Kihei, wo ich

vor etwa zweihundert Leuten den Vortrag halten sollte. Das Treffen auf Maui würde zu einem Test für mich und meine neue Informationsquelle werden.

Bevor die Zuhörer eintrafen, setzte ich mich für einen Augenblick an den schwarzen Lavastrand auf der anderen Seite der Straße. Die Sonne versank an einem rosafarbenen Horizont, und die Wellen schwappten sanft an den Strand.

Als ich zum Gemeindezentrum zurückkehrte, begann sich der Saal bereits zu füllen. Ich bestellte mir ein paar ausgesuchte Energieträger in die vorderen drei Reihen, die mir als Empfangsantennen dienen sollten.

Die Bühnenarbeiter stellten ein starkes Lautsprechersystem auf und schmückten die Bühne mit Palmen und Topfpflanzen. Als das Licht gedimmt wurde, setzte die von mir ausgewählte Musik ein. Ich hatte ein Medley aus Arien von Giacomo Puccini und Giuseppe Verdi ausgewählt, da ihre Lamentationen über gebrochene Herzen in Opern wie La Bohème, Aida und La Traviata mein Publikum hoffentlich in die richtige Stimmung für meinen Vortrag versetzen würden. Mit geschlossenen Augen und in leichte Meditation versunken, saß ich auf der Bühne.

Prinzip 5:
Sie sind nicht das, für was Sie sich halten: Mann und Frau sind gleich.

Als ich aufstand, um das Wort zu ergreifen, bemerkte ich eine seltsame Präsenz und hatte dabei ein ruhiges und friedliches Gefühl. Das Sprechen vor einer Gruppe ist nicht einfach; das Gesagte wird von der Zusammensetzung des Publikums beeinflußt, welches jeden Abend anders ist.

»Guten Abend, meine Damen und Herren! Wenn Sie das Plakat mit dem Thema der heutigen Veranstaltung gelesen haben, wird Ihnen vermutlich bereits klar sein, daß es heute abend um gebrochene Rippen, blaue Augen, verletzte Gefühle und zerbrochene Träume geht. Nach meinem letzten Vortrag in Chicago sagte jemand zu mir, daß ich meine Rede treffender als ›Willkommen zu meinem Alptraum!‹ hätte betiteln sollen.

Ich bin absolut der Meinung, daß man die Flinte niemals ins Korn werfen und nicht eine Minute vor dem Eintreffen des Wunders aufgeben sollte – selbst in einer Beziehung nicht. Trotzdem muß ich Ihnen offen sagen, was ich von Beziehungen halte: Sie funktionieren nicht!

Der Grund dafür liegt darin, daß zwei Menschen nie zur gleichen Zeit dasselbe wollen. Sie können keine Beziehung mit einem anderen haben, wenn Sie nicht vorher eine Beziehung mit sich selbst aufbauen. Und mit sich selbst können Sie keine Beziehung haben, wenn Sie nicht wissen, wer Sie wirklich sind!

Jeder von Ihnen ist seit seiner Geburt und vermutlich schon lange davor mißidentifiziert worden! Sie sind nicht die Person, für die Sie sich halten. Ihre Eltern sind nicht die, für die Sie sie halten. Ehemänner, Ehefrauen, Liebhaber sind alles andere, nur nicht das, wofür Sie sie halten. Sie schaffen einander aus ihrer eigenen egozentrischen Sichtweise und charakterlichen Defekten heraus: Projektionen auf den anderen, die erklären sollen, wer der andere ist.

Wenn Sie nicht sind, für wen Sie sich halten, und wenn andere von Ihnen nach Ihrem Ebenbild erschaffen wurden – wer sind dann Sie, und wer die anderen? Sie alle sind unglaublich kraftvolle Lichtwesen, die durch ihre Wiedergeburt in einem menschlichen Körper die Androgynität ihres Bewußtseins verloren haben. Je mehr Sie den Partner oder den Elternteil durch Argumente, Projektion, Leugnen oder Charakterdefekte, die die Natur der Beziehung verzerren, polarisieren, desto länger und schwieriger wird sich die Odyssee zur Einheit gestalten. Sie sind ein kostbares Kind Gottes, ohne geschlechtsspezifische Identifikation – es sei denn, Sie befinden sich auf der Erde.«

Das Publikum rutschte unruhig auf seinen Sitzplätzen hin und her und scharrte mit den Füßen. Es war an der Zeit, den Gang zu wechseln und die Gruppe auf den Mond zu schießen.

»Wenn Sie nicht derjenige sind, für den Sie sich halten, wer sind Sie dann? Bevor Sie sich daran machen können, mit Hilfe Ihres höheren Selbst dem Licht zu folgen, müssen Sie herausfinden, was Sie hier auf der Erde von Gott trennt.

Ein Großteil der Antwort auf die Frage liegt in der menschlichen Sexualität verborgen. Seit Jahrhunderten hat die Menschheit eine Unzahl von Kriegen geführt, von denen keiner so tödlich und sinnlos war wie der Krieg der Geschlechter.

Mütter und Väter wissen nicht, wie sie den kleinen Jungen und Mädchen das Funktionieren einer Ehe oder einer tiefgehenden Beziehung erklären können, weil ihre eigenen Eltern nicht über den Mut verfügten, ihnen die Wahrheit zu sagen, oder weil ihre inneren Ohren vom Lauschen auf falsche Informationen aus protestantischer, katholischer oder jüdischer Quelle verstopft waren. Angst sorgt dafür, daß ein Mensch gern so werden will wie der andere.

Heute nacht werde ich Ihnen einige vermeintlich neue, in Wirklichkeit aber sehr alte Informationen darüber geben, weshalb dieser Grand Canyon zwischen Männern und Frauen besteht, nämlich nicht wegen der üblichen Streitpunkte wie Geld, Besitz oder Treue, die unserer Meinung nach Liebe und Ehe bedrohen, sondern vor allem aufgrund der vernachlässigten Beziehung zum eigenen Selbst.

Dr. Carl Gustav Jung, einer der führenden Psychoanalytiker des zwanzigsten Jahrhunderts, entdeckte, daß sich in jedem Mann die Spiegelung einer Frau und in jeder Frau die Spiegelung eines Mannes befindet. Dr. John A. Sanford, ein Therapeut und Jungianer aus San Diego, nannte diese ignorierte Seite eines Menschen ›seinen unsichtbaren Partner‹.

In seinem Meisterwerk *Die Unsichtbaren Partner – über den menschlichen Schatten, und wie er unsere Leben beeinflußt,* schreibt Sanford, daß wir uns weigern, unseren Schatten anzunehmen und anzuerkennen, was uns zu kindischem Verhalten, exzessivem Alkohol- und Drogenmißbrauch und sogar zu Mord verführen kann.

Jung und Sanford bezeichnen den unsichtbaren Partner als unsere Schattenseite. Das Weibliche im Mann wird als *Anima*, und das Männliche in der Frau als *Animus* bezeichnet. Vielleicht ist es einfacher zu sagen, daß es um das Mädchen im Jungen und den Jungen im Mädchen geht.

Der Geist der unsichtbaren Frau in jedem Mann verhält sich wie eine Frau, kann aber nur von dem Mann gehört und gefühlt werden, in dem sie lebt. (Nachdem sie jahrelang ignoriert und im Schrank eingesperrt wurde, wird sie sich verstärkt durch den Mann zu verstehen geben, doch dazu später mehr.) Die unsichtbare Partnerin möchte, daß sich der Mann besser anzieht, bessere Tischmanieren hat, offen, zärtlich und liebevoll ist. Und auf keinen Fall möchte sie ignoriert oder ihre Anwesenheit als selbstverständlich verstanden wissen. Diese Charakteristika sind einem Mann fremd, da ihm die Gesellschaft nie zu verstehen gegeben hat, daß er sich mit einem unsichtbaren Schattenselbst einig werden muß.

Ich spreche von der weiblichen Energie im Mann, doch das gleiche gilt für die Frau. Der Animus hält die Frau fest in ihrem Griff, wenn sie ihren Partner laut und schändlich für seine Unzulänglichkeiten beschimpft. Er erwartet von ihr, daß sie überlebt, ohne ihr Glück von einem Mann abhängig zu machen. Generell ist die Frau jedoch besser dazu in der Lage, ihren Schatten zu integrieren, als der Mann.

Da wir uns unserer inneren und unsichtbaren Persönlichkeit nicht bewußt sind, wissen wir auch nicht, auf welche Weise wir uns damit vertraut machen können. Statt dessen projizieren wir den unbewußt unsichtbaren Partner auf andere Menschen. Auf jemanden zu projizieren heißt zu leugnen, daß Eigenschaften wie Eifersucht oder passiv-aggressives Verhalten in uns existieren. Deshalb überzeugen wir uns selbst davon, daß diese unerwünschten und unattraktiven Charakterfehler auf unser jeweiliges Gegenüber zutreffen und nicht etwa auf uns.

Ich habe im konservativen Bundesstaat Maine einen Klienten, der mit einer Frau vom Typ Barbie-Puppe verheiratet ist (es sei denn, ihre männliche Seite meldet sich; dann ist sie imstande, meinen Klienten nach allen Regeln der Kunst fertigzumachen). Nennen wir die beiden Mike und Misty.

Misty hat in ihren fünfunddreißig Jahren kein einziges Mal wirkliches Selbstwertgefühl erlebt. Sie haßt ihren brutalen Vater und bezeichnet ihre Mutter als Fußabtreter. Misty verdient ihr Geld durch Gelegenheitsjobs, macht Aerobic, Yoga und Kampfsportarten, bis sie umfällt, checkt täglich ihre Kundalini-Energie, liest jedes Selbsthilfebuch, das erscheint, und schleppt ihren defensiven Ehemann in jedes Beziehungsseminar.

Trotzdem verändert sich niemals etwas an der Beziehung zwischen Mike und Misty, obwohl das sehr nötig wäre. Beide werfen ihren Müll in den Hof des anderen. Mikes Vater war ein Tyrann, und seine Mutter wurde geisteskrank und starb, als er noch ein Kind war. Seinem Vater konnte der Sohn nie genügen, und die Suche nach der perfekten Frau wurde für Mike zur Obsession. Er brauchte ein anschmiegsames, beruhigendes Wesen, das ihm dauernd versicherte, daß alles mit ihm in Ordnung war. Seine Hobbys sind Sex, Kino und Parties mit Freunden.

Was stimmt hier nicht? Zunächst einmal wird Mike niemals eine Frau finden, die ihm die Mutter ersetzt. Eine Ehefrau kann und sollte nicht heilen, was die Mutter versäumt hat. Zum anderen versteckt sich hinter seinem passiven Verhalten die Angst, seinen eigenen Problemen in die Augen schauen zu müssen. Zum dritten wird Misty, die ihren Vater nicht ausstehen konnte, niemals jemanden finden, der ihren Vorstellungen gerecht werden kann. Ihr Unterbewußtsein wiederholt die alten Lieder vom Vaterhaß, da nützen auch kosmetische Chirurgie und Selbsthilfebücher nichts. Nur eine ehrliche Inventur der eigenen Fehler und Versäumnisse kann hier noch helfen.

Misty sabotierte die Ehe, indem sie das Gerücht in die Welt setzte, Mike und einer seiner Freunde hätten eine homosexuelle Beziehung. Ihr Beweis dafür? Der lag in ihrem irrationalen, unbeständigen und auf Furcht beruhenden, vernachlässigten Schatten. Weil sie ihren Animus wie Abfall behandelt und weggeworfen hatte, entschied ihr männlicher Teil, sich durch falsche Informationen an ihr zu rächen.

Einer der beliebtesten Wege, um unliebsame Charakterzüge zu externalisieren, ist Klatsch. Opfer von Klatsch und Tratsch sind Projektionsflächen; und die Sucht, auf andere zu projizieren, steht der nach Alkohol, Sex, Essen und Drogen um nichts nach.

Sobald wir aufwachen und erkennen, daß unsere Irritation mit anderen in Wirklichkeit eine Irritation mit uns selbst ist, können wir unsere unerwünschten und unattraktiven Qualitäten nicht weiter auf Liebhaber, Ehemänner oder Ehefrauen projizieren. Projektionen sind typisch für unbewußte Menschen.

Einer der Hauptgründe für das Nichtfunktionieren von Partnerschaften besteht darin, daß oben genannte Projektionen uns an einer friedlichen Koexistenz hindern. Seit Anbeginn der Zeit und vermutlich noch davor hat der unsichtbare Partner sich unangenehm bemerkbar gemacht – eben weil er bemerkt werden will.

Wie könnte die Beziehung zwischen Mike und Misty geheilt und verbessert werden? Er müßte sich zunächst eingestehen, daß er immer nach einer Frau gesucht hat, die ihn heilen sollte, und Misty gegenüber ehrlich sagen, daß er nicht weiß, wie man eine Beziehung führt. Sie müßte erkennen, daß sie Beziehungen nur führt, um sich an ihrem verhaßten Vater zu rächen. Weiter müßte er gestehen, wie sehr er Menschen, Ereignisse und Gegenstände benutzt, um seinen eigenen Schmerz zu betäuben; sie wiederum, daß sie permanent versucht, ihr Innenleben durch frenetische Aktivitäten im Außen zu verbessern.

Nur wenige haben C. G. Jung oder John Sanford gelesen, aber der unsichtbare Partner lebt in uns allen und wird von uninformierten Eltern, Lehrern, Trainern und Priestern verneint, sobald er sich bemerkbar macht.

In Kalifornien hatte ich eine Klientin, die sich von ihrem Mann scheiden ließ, weil dieser sich weigerte, Ballettstunden für den gemeinsamen Sohn zuzulassen. Der Ehemann war Footballtrainer und zudem homophobisch, während sein Sohn es seiner weichen, kreativen Seite gestattete, sich auszudrücken, eine Seite, die der Vater immer unterdrückt hatte. Der Vater projizierte seine Angst vor dem Weiblichen auf seinen Sohn, der schließlich zu einem der bekanntesten Tänzer in Amerika wurde.

Unsere geistige Gesundheit verlangt es, daß wir unsere Kinder darauf hinweisen, wie ähnlich wir Menschen einander sind, anstatt unsere Unterschiede zu betonen. Das spirituelle Prinzip der Einheit und Vollständigkeit kann Jahrhunderte der Polarität zwischen den Geschlechtern ausgleichen.

Natürlich fürchten wir uns automatisch davor, daß unsere vergessene Seite zu den unmöglichsten Gelegenheiten auftaucht und uns in Schwierigkeiten bringt.

Eine liebevolle und belastbare Beziehung ist nur möglich, wenn jeder bei sich nach den Fehlern sucht und damit aufhört, den Partner zu beschuldigen.

Verändern Sie sich und damit auch die Welt, mit der Sie in Berührung kommen.

Warum untergraben Schwächen Beziehungen? Wie steht es mit der Gewalt, die hervorbricht, wenn Mann und Frau zur gleichen Zeit in einen Projektionskrieg treten?

Wird der unsichtbare Partner aus unserem Leben ausgeschlossen, stiftet er Schaden und verursacht Unheil. Die furchtbarsten Streitereien zwischen Mann und Frau beruhen auf negativ belegten Aspekten ihrer jeweiligen Sexualität – ebenfalls ein Ausdruck des unterdrückten Schattens bzw. unsichtbaren Partners. Derartig geladen, kann man nur von Glück sagen, wenn keiner der Partner über eine schußbereite Waffe oder ein Messer verfügt. Die Gefängnisse sind voller Männer und Frauen, die sich durch lebenslange Unterdrückung ihres unsichtbaren Partners, über Ärger und Wut bis auf die Ebene eines Mörders hinabgearbeitet haben.

Sprechen Sie einmal mit einem Trinker, und stellen Sie fest, wie häufig er oder sie mit einem unbekannten Menschen im Bett gelandet ist. Auch hier wird mit dem unsichtbaren Partner abgerechnet!

Wenn Mann oder Frau sich innerhalb einer Beziehung weigern, ihren eigenen Schatten zu konfrontieren, und ihn und damit die eigenen unerwünschten Qualitäten auf den Partner projizieren, so führt diese Übertragung zu Selbstverachtung und Furcht. Wer kein Selbstwertgefuhl hat, der kann auch keine Beziehung mit einem anderen Menschen unterhalten.

Ich höre immer wieder, wie Leute fragen: ›Wie konnte sie sich nur solch einen Verlierer aussuchen?‹ ›Warum hat er eine Frau geheiratet, die ihn total ausgenommen hat und dann mit ihrer Schwägerin durchgebrannt ist?‹ ›Armes Kind, ein blaues Auge und eine aufgeplatzte Lippe hat sie nun wirklich nicht verdient.‹

Erinnern Sie sich an das Gedicht von Robert Louis Stevenson, das wir in der Schule lernen mußten? ›Ich habe einen kleinen Schatten, der mich überallhin begleitet...‹ Wie sehr Sie auch versuchen mögen, einen anderen Menschen zum Ausleben Ihrer eigenen Charakterdefekte zu bewegen, indem Sie diese auf ihn projizieren – sie bleiben an Ihnen haften wie heißes Kaugummi an Ihrem Schuh, oder sie fliegen wie ein Bumerang zu ihrem Besitzer zurück.

Für die meisten von uns ist das Konzept vom unsichtbaren Partner neu. Aber wenn Ihnen niemand beigebracht hätte, wie man ein Fahrrad oder Auto fährt, würden Sie immer noch zu Fuß gehen. Und wenn Sie Ihren Ängsten nicht ins Gesicht schauen – und zu ihnen gehört der unsichtbare Partner –, müssen Sie mit gescheiterten Ehen, hohen Alimentenzahlungen und als alleinstehende Eltern leben.

In jedem Mann steckt die Spiegelung einer Frau und in jeder Frau die Spiegelung eines Mannes. Daraus schließe ich, daß die Mädchen in Wirklichkeit Jungen und die Jungen in Wirklichkeit Mädchen sind.«

Das Publikum brüllte vor Lachen und brauchte einige Minuten, bis es sich wieder beruhigt hatte und ich fortfahren konnte.

»Und für den Fall, daß Sie homosexuell sein sollten, brauchen Sie sich kein bißchen besser vorzukommen. Die Lebensdauer von Beziehungen zwischen homosexuellen Partnern wird nämlich in Stunden und nicht Jahren gemessen.«

Jedesmal, wenn ich während eines Vortrages das Wort homosexuell erwähne, könnte man eine Stecknadel zu Boden fallen hören.

»Oftmals, wenn ich die negativen Charakteristiken des Schattens erwähne, denken meine Zuhörer, daß ich von einer latenten Homosexualität spreche, und manchmal trifft dies auch zu. Der Normalfall ist das allerdings nicht. Auf keinen Fall möchte ich sagen, daß Homosexualität pathologisch ist, sondern lediglich darauf hinweisen, weshalb wir nicht imstande sind, dauerhafte und liebevolle Beziehungen zu führen.

Vielleicht wäre es zutreffender zu sagen, daß wir aus Mann und Frau bestehen und sehen müssen, wie wir unseren unsichtbaren Partner integrieren können, um ein bewußteres und ausgeglicheneres Leben zu führen. Wir sollten uns angewöhnen, Informationen und Beziehungen von einem geschlechtslosen Standpunkt aus zu betrachten.

Freud sagte, daß wir alle als bisexuelle Wesen zur Welt kommen und daß sowohl Genetik als auch Lebenserfahrung entscheidend für unser geschlechtliches Verhalten sind.

Bei dem unsichtbaren Partner geht es jedoch nicht um sexuelle Präferenzen. Homosexualität und Heterosexualität sind am Ende identische Illusionen, die wahre Gefühle verbergen. Wenn ich sage *identisch*, so heißt das, identisch bis zu dem Zeitpunkt, an dem wir Animus/Anima integrieren. So lange ist es egal, wen Sie sich als Partner aussuchen; Sie werden in Ihren Beziehungen aller Wahrscheinlichkeit nach scheitern.

Wie dem auch sei, Sie sind weder homosexuell noch heterosexuell. Sie sind beides. Sie suchen sich den Geschlechtspartner aus, der Ihnen bei der Erfüllung Ihres Karmas am besten behilflich ist. Verurteilen Sie niemanden für die Wahl seines Partners. Es geht Sie nämlich absolut nichts an!

Meine weiblichen Klienten erklären immer häufiger, daß sie anpassungsfähigere, freundlichere, liebesfähigere Partner bevorzugen, während Männer zunehmend die Talente und Fähigkeiten ihrer Ehefrauen in geschäftlichen Dingen zu schätzen wissen und sich dafür einsetzen, daß diese auch entsprechend gewürdigt werden.

Der alte ›Männerclub‹ war eine klare Manifestation der Anima/Frau-Repression und der Furcht, daß Frauen die Männer von ihren Machtpositionen verdrängen könnten.

Jener Teil in uns, der uns zur Paarung und zum Töten treibt, kann so in unsere Persönlichkeit integriert werden, daß wir uns in der Öffentlichkeit zumindest nicht gravierend danebenbenehmen. Der erste Schritt dazu besteht darin, sich einzugestehen, daß unsere Verwirrung ein Teil von uns ist und nicht von jemand anders.

Da es sich bei uns allen um ehemals allmächtige, allwissende, androgyne Engel handelt, können wir nicht eher ruhen, als bis unsere Aufgabe erfüllt ist und wir wieder vollständig geworden sind. Unserer Natur und Abstammung nach ist es uns nicht möglich, eine frohe und glückliche Beziehung mit dem Partner unserer Träume einzugehen, bevor wir nicht den Alptraum der Trennung von unserem wirklichen Selbst überwunden haben.

Wir sind also nicht imstande, eine Beziehung mit einem anderen Menschen zu unterhalten, bevor wir nicht eine mit unserem kompletten Selbst haben. So weit, so gut, wenigstens theoretisch, oder? Jedenfalls laufen Sie jetzt nicht mehr Gefahr, wegen Mordes ins Gefängnis zu kommen, solange Sie nur nach Hause gehen und sich mit dem Partner ins Bett legen, mit dem Sie geboren wurden.

Werfen Sie nun einmal all Ihren kritischen Verstand über Bord, und machen Sie sich für den ultimativen Test bereit, der Ihnen beweisen wird, ob Sie in Wirklichkeit ein Vollidiot oder eine naive, unschuldige Seele sind. Sind Sie bereit?«

»Yeah, Mann«, »Klar, Kumpel«, erklang es von allen Seiten. Es erstaunte mich über die Maßen, daß die vor mir sitzenden bronzebraungebrannten Gottheiten damit einverstanden waren. Und doch waren sie es – sogar beinahe andächtig.

»Seit der ersten Klasse, als ich groß genug war, um die Aufmerksamkeit von meiner Lehrerin Mrs. Cooper zu erlangen, habe ich peinliche Fragen gestellt. Und die heutige lautet: ›Weshalb tun Sie, was Sie tun, wenn es doch nicht funktioniert?‹ Etwa weil alle anderen es tun? Weil es von Ihnen erwartet wird? Weil Sie nicht allein sein wollen? Diese Antworten sind nicht mehr gut genug und werden lediglich dafür sorgen, daß Ihre Beziehungen Sie auch weiterhin krank und müde machen.

Die Widersprüche und Unmöglichkeiten einer Partnerschaft finden sich in den erlösten Aspekten des menschlichen Schattens. Dazu müssen wir eine Menge angelernter Muster wieder verlernen. Haben Sie den unsichtbaren Partner einmal akzeptiert, werden sich viele dieser Muster automatisch verändern. Zum einen werden Sie aufhören, in Ihrem Partner nach Mutter oder Vater zu suchen. Die meisten Menschen suchen unterbewußt nach jemandem, der sich um sie kümmert bzw. um den sie sich kümmern können. Sie setzen ihren Lebensgefährten für eine Rolle ein, die nur ihr unsichtbarer Partner spielen kann.

Zweitens: Die Jungs werden aufhören zu sagen: ›Das kann ich nicht machen, das ist unmännlich‹. Die Mädchen werden akzeptieren, daß sie fast all das tun können, wozu Männer auch imstande sind.

Drittens: Der Typus von Frauen und Männern, die sich von Ihnen angezogen fühlen, wird sich verändern.

Viertens: Sie werden anfangen, mit Menschen zu kommunizieren, anstatt auf sie einzureden. Die Kommunikation wird zu einem Abbild Ihrer androgynen Sensibilität und Ihres Bewußtseins werden und nicht länger geschlechtsspezifisch sein.

Fünftens: Sie hören auf damit, Dinge zu tun, nur um anderen Menschen zu gefallen, oder sich darum zu kümmern, was anderen gefällt oder was andere von Ihnen denken.

Sechstens: Wenn Sie seelische Tiefenarbeit in Form einer Inventur oder eines Zwölf-Stufen-Programms absolvieren – sei es mit Hilfe eines Therapeuten oder innerhalb einer Gruppe –, könnte es sich durchaus herausstellen, daß Ihr unsichtbarer Partner der einzige ist, den Sie je haben wollten. Einer der größten Irrtümer besteht darin, daß jeder Mensch idealerweise verheiratet sein oder einen Partner haben sollte. Dem ist nicht so!«

Das Publikum konnte entweder nicht mithalten oder klammerte sich förmlich an seine Stühle.

»Dr. Joseph Campbell berichtet von einer großen Revolte im Himmel. Das Ego Luzifers wurde so groß, daß er Gott herausforderte und andere egozentrische Engel dazu überredete, sich auf den Weg zu grüneren Gefilden zu machen, in denen Milch und Honig sowie animalistischer Magnetismus strömen sollte. Diese himmlischen Geistwesen paarten sich mit den Tieren und blieben für immer in der menschlichen Form gefangen. Das ewige Dilemma gescheiterter Partnerschaft liegt darin, daß wir von unserem ursprünglichen und perfekten Selbst getrennt sind.

Leben für Leben kehren wir zurück auf diesen Planeten, bis wir endlich aufhören, die gleichen Fehler zu wiederholen.

Paaren Sie sich mit demjenigen, der imstande ist, Sie zurück zu Gott zu führen. Lieben Sie sich selbst.

Alles, was es dazu braucht, ist der Wunsch, dieses Spiel zu beenden. Weigern Sie sich, ein berufsmäßiger Idiot zu werden, und hören Sie auf damit, in obsessive Todesspiralen zu taumeln. Das nächste Mal, wenn jemand Sie auffordert, mit Ihnen in die Federn zu hüpfen, lehnen Sie dankend ab. Je mehr Beziehungsfehler Sie klären und aus Ihrem Leben beseitigen, desto näher kommen Sie Selbstwert und Selbstbewußtsein, und desto eher werden Sie zu Hause ankommen. Wie in einem Film von Wim Wenders werden Sie auf magische Weise wieder zu einem Engel mit starken Flügeln.

Hat jemand Fragen? Möchte jemand den Raum verlassen? Hat der Spaß schon begonnen?«

Viele der sonnengebräunten Schönheiten im Publikum hoben die Hand, und einige standen auf und gaben Laute von sich, die auf viele Jahre fehlgeschlagener Beziehungen hindeuteten.

»Der erste Schritt in Richtung Himmel besteht in der Erkenntnis, daß niemand Sie glücklich machen kann außer Sie selbst. Der zweite Schritt ist eine Inventur Ihrer bisherigen Eskapaden, bei der Sie nichts und niemanden auslassen dürfen. Bleiben Sie bei der Wahrheit, und erzählen Sie, was Sie in Ihrem Leben alles angestellt haben, um an Liebe zu gelangen. Erwähnen Sie dabei gleichgeschlechtliche Liebe, heterosexuellen Sex, Gruppensex – und vergessen Sie nicht Dr. Seltsam und wie Sie lernten, die Bombe zu lieben.

Männer und Frauen sind gleich. Die Mythologie lehrt uns, daß der Mensch weiblich und männlich zugleich ist. Zu Anbeginn der Zeit waren wir Hermaphroditen und verfügten über die Genitalien beider Geschlechter. Mit jeder Reinkarnation entschieden wir uns, entweder als Mann oder als Frau geboren zu werden. Aber wir sind nicht nur unsere Körper; wir sind ebenfalls unser Bewußtsein, ein Bewußtsein, das sich aus Erinnerungen an unseren Ursprung und an all unsere Vorleben zusammensetzt.

Männer haben gewöhnlich größere Schwierigkeiten, ihre Weiblichkeit zu akzeptieren, als es umgekehrt der Fall ist. Wenn eine Frau hört, daß sie vorwiegend männlich agiert, fühlt sie sich oft geschmeichelt. Ein Mann dagegen reagiert defensiv, er verteidigt seine Männlichkeit und betont seine Heterosexualität. Daran erkennt man seine Unsicherheit sowie sein Unbehagen im Umgang mit seiner weiblichen Seite.

Früher habe ich gesagt, daß eine schlechte Frau immer noch besser ist als ein guter Mann. Aber damit habe ich aufgehört, seitdem ich mir die Dynamik meiner eigenen weiblichen Seite, meines unsichtbaren Partners, angeschaut und mir jede meiner schlüpfrigen sexuellen Begegnungen eingestanden habe. Erst dadurch gelangte ich an jenen klaren Punkt, an dem das androgyne Bewußtsein lebt.

Ich entdeckte, daß Schuldgefühle und die Furcht vor Zurückweisung und dem Verlassenwerden meine Fähigkeit zur Freude am Sex total erdrosselten. Und jedes Mal war Scham involviert.

Wird Ihnen langsam deutlich, welcher Horrorschau jeder von uns ausgesetzt war? Verstehen Sie, wie wir unser Kanu – belastet mit Furcht, Verdrängung und Verwirrung – über den Styx steuern wollten? Ohne positive Rollenmodelle, die uns bei einer Klärung behilflich sein könnten?

Es wird noch schlimmer, bleiben Sie sitzen. Rückerstattet wird nichts, außer Ihrer eigenen Misere, wenn die Klärung abgeschlossen ist.

Hier ist eine kurze Checkliste für eine erfolgreiche Beziehung mit sich selbst:

Erstens: Machen Sie eine Inventur all Ihrer Süchte, und suchen Sie Hilfe. Sollten Sie unter Freßsucht leiden, lesen Sie das Buch *Es kommt nicht darauf an, was sie essen, es kommt darauf an, was an ihnen nagt* von Judy Geeson, und suchen Sie sich dann einen Therapeuten, ein Fitness-Studio und eine neue Diät. Sollten Alkohol oder Drogen Ihr Problem sein, so gibt es Selbsthilfegruppen und die Anonymen Alkoholiker/Narkotiker.

Sie werden einen Partner anziehen, der Ihnen genau jene Süchte spiegelt, die Sie verdrängen oder nicht wahrhaben wollen. Klären Sie, was Sie klären können, bevor Sie sich auf die Suche nach einem Partner oder Liebhaber machen.

Zweitens: Gewöhnen Sie sich daran, Zeit allein zu verbringen. Gehen Sie allein auf Parties, und unternehmen Sie allein oder mit einer Gruppe von Einzelpersonen eine Reise. Solange Sie Ihr Leben anhand von Beziehungen definieren, werden Sie jedes Mal die falsche Karte ziehen, wenn die Partner vergeben werden.

Drittens: Gehen Sie eine Verbindung mit etwas ein, das größer ist als Sie selbst. Wenn Gott es für richtig hält, wird er Ihnen einen perfekten Partner schicken.

Zunächst einmal müssen Sie sich selbst kennen- und lieben lernen. Dann können Sie ein langes und leidenschaftliches

Vorspiel mit Ihrem inneren Liebhaber beginnen, und wenn Sie Ihr Familiengepäck und Ihren Ballast durchgearbeitet und transzendiert haben, dann werden Sie eines schönen Tages die Tür öffnen, und Ihre große Liebe wird davorstehen, weil Sie zuerst gelernt haben, sich selbst zu lieben.«

Es folgte eine kurze Unterbrechung, und das Publikum umlagerte mich, als ich John Sanfords Buch über den unsichtbaren Partner zum Verkauf anbot.

Später am Abend fand ich einen schalldichten Raum, in den ich mich für eine Weile zurückziehen und meditieren konnte. Eine mit Ornamenten versehene ägyptische Liegestatt mit Blattgoldauflage und Imitationen von eingelegten Halbedelsteinen stand in der Ecke, und der König begab sich zu Bett.

Ich ließ mich in die weichen Kissen fallen und starrte auf eine Uhr, deren Zifferblatt aussah wie der Mond. Ich war entspannt, doch die Erinnerungen und Eindrücke des Abends strömten weiterhin auf mich ein.

Ich hatte eine Menge Knöpfe gedrückt, aber ich machte mir Sorgen, daß die Leute mich trotzdem nicht richtig verstanden hatten. Was sollte ich ihnen noch sagen, damit sie verstanden, daß alle Menschen versuchten, den Zustand wiederherzustellen in dem sie sich vor dem Fall befanden? »Jeder sieht und hört nur, was er sehen und hören will«, wie ein Freund von mir sagt.

Ob das Publikum heute abend verstanden hatte, daß es zwischen Mann und Frau in Wirklichkeit keinen Unterschied gab, war nicht meine Sorge. Ich konnte nicht mehr tun, als einen Samen zu pflanzen. Schmerz und Verzweiflung werden schließlich dafür sorgen, daß ein Mensch Hilfe sucht.

Ich bin der festen Überzeugung, daß die Wurzel aller körperlichen und geistigen Krankheiten in der Trennung von unserem wirklichen Selbst liegt. Unser Blut ist ein Träger medizinischer Informationen, genauso wie dort unsere ehemaligen Handlungen gespeichert sind, für die wir in diesem Leben geradestehen müssen. Ich habe schon öfter gesagt, daß manche

Alkoholiker wegen ihrer Krankheit sterben müssen. Es gibt ein Bewußtsein, welches sich weit über unserer Alltagsrealität befindet, und insgeheim weiß jeder von uns, welchen Vertrag er bei seiner Geburt geschlossen hat.

Zunächst ist das Ego nur ein kleiner Rüpel mit seltsamen Ideen, doch bald wächst es sich zu einem finsteren, dunklen, kriegstreiberischen und destruktiven Diktator aus, der Gott sein möchte und die Welt kontrollieren will. Die einzige Möglichkeit für das kollektive Unbewußte, den von ihm geschaffenen Dämonen ins Auge zu blicken, besteht darin, daß die Massen ihr Ego konfrontieren und sich Gott und seinem Willen ergeben.

Wir wissen nur, was unsere Stufe auf der himmlischen Hierarchie an Wissen zuläßt. Es ist uns möglich, alles über unsere Vergangenheit zu erfahren, jedoch nichts über unsere Zukunft. Schauen Sie darauf, woher jemand kommt, und Sie werden wissen, wohin er oder sie geht. Seit Jahrtausenden ist die Menschheit nun auf einem selbstzerstörerischen Pfad. Es ist an der Zeit herauszufinden, ob wir diesen Pfad verlassen können.

Wie sollen wir unseren unsichtbaren Partner befreunden, und wann werden wir damit beginnen? Erst dann, wenn wir genug gelitten haben. Schmerz ist der intelligenteste aller Lehrer. Agonie veranlaßt uns schließlich dazu, nach innen zu schauen und zu erkennen, wer uns dort retten kann: wir selbst und unser Schatten. Freude und Glück sind Resultate einer Inventur jener Dinge, die für Ihren Schmerz und Ihre Verzweiflung verantwortlich sind, und stellen sich dann ein, wenn sie sich bei anderen für das von ihnen verursachte Leid entschuldigen. Es ist Gottes Freude, jeden Menschen glücklich und frei zu sehen; doch die Entscheidung, Sklave des Egos zu sein oder ein freier Mensch, obliegt jedem Menschen selbst.

Wenn ich mich nur immer daran erinnern könnte, daß ich nicht die Botschaft, sondern der Botschafter bin, dachte ich. Dann bräuchte ich mir um den spirituellen Fortschritt meines Publikums keine Sorgen zu machen. Jeder Mensch wird sich verändern, wenn die Zeit für ihn gekommen ist.

Um halb zehn betrat ich wieder das Auditorium. Das Publikum versammelte sich erneut.

»Dies ist ein unglaublicher Abend. Ihr habt mir durch euer Gruppenbewußtsein geholfen, Gott den Weg freizumachen. Es braucht viel Mut, um mit dem inneren Feind fertig zu werden.

Während ihr draußen wart, habe ich meditiert, und ich würde gerne einige neue Information mit euch teilen«, sagte ich.

»Zunächst einmal möchte ich mich dafür bedanken, daß ihr euch um Veränderung bemüht. Wenn ich meinen kritischen Verstand beruhigt habe, entspannt und in meditativem Zustand kommuniziere, dann streite ich manchmal mit einer Präsenz namens Paul. Während der Pause habe ich im Hinterzimmer eine Botschaft für die hier Anwesenden erhalten.

Der verschlungene und unwegsame Weg nach Hause ist lang und einsam. Der Grund für unsere Rückkehr auf die Erde besteht darin, daß wir hier Unrecht wiedergutmachen können und erfahren dürfen, wie es sich anfühlt, bessere Entscheidungen zu treffen als in unseren Vorleben sowie ein Geburtsrecht zurückzufordern. Damit die Reise nicht gar so einsam verläuft, suchen wir uns Partner, die ebenfalls als Spiegel für vorzunehmende Veränderungen dienen.

Ein Kind wird geboren. Eine Seele schließt einen Vertrag mit einem Mann und einer Frau, wann sie als Kind zurückkehren wird, um Erlösung zu erlangen. Elternschaft ist ein Schulprogramm für Seelen, um ihrem Karma gegenüberzutreten.

Jeder von uns ist auf dem Weg nach Hause. Gott wartet darauf, daß wir uns dafür entscheiden, alle Blöcke, die uns daran hindern, zu beseitigen und uns daran zu erinnern, wer wir in Wirklichkeit sind. Beziehungsprobleme sind ein Haupthindernis bei der Klärung.

In Ihrem Herzen wohnt ein Bewußtsein, das mit Ihnen spricht und Sie auf dem Weg zu Gott anleiten kann. Werden Sie ruhig. Horchen Sie auf den Ton, und achten Sie auf die Farben, die Sie zur Klärung führen werden. Hören Sie auf die Stimme, die Sie leiten wird.«

Als ich geendet hatte, fiel ein tiefer Schatten über den Versammlungsort. Im Bruchteil einer Sekunde riß der Himmel auf, und Blitze fuhren durch die Dunkelheit. Die Beleuchtung wurde dunkel, dann wieder heller. Fast wäre der Strom ausgefallen, bis es mit einem Mal wieder hell wurde. Dem Publikum verschlug es den Atem, einige der Zuschauer begannen zu schluchzen. Eine Frau mittleren Alters begann, ein Wiegenlied zu singen.

»Dies kleine Licht in mir lasse ich scheinen...«

Nach und nach stimmten Männer und Frauen ein und sangen zunächst leise und schließlich aus voller Kehle mit. »Dies kleine Licht in mir lasse ich scheinen...« Sie erhoben sich und verließen den Saal, einer nach dem anderen und dann schließlich in Gruppen.

Kapitel 8

RÜCKSCHAU

Um Gott zu finden, brauchen wir keine Flügel, sondern nur einen Ort, an dem wir allein sein und seine Präsenz in unserem Inneren finden können.

— DIE HEILIGE TERESA VON AVILA

Fünf Tage später mußte ich die Schönheit und magnetische Ausstrahlung Mauis wieder verlassen. Ein Taxi brachte mich zum Flughafen. Die meisten Flüge treffen am Nachmittag ein; dann kommen die Ureinwohner mit ihren Blumenkränzen und herzlichen Umarmungen, um die Neuankömmlinge zu begrüßen. Um sechs Uhr morgens dagegen verläßt man die Insel auf sich allein gestellt.

Ich las, schlief, hörte Kassetten an, doch vor allem durchlebte ich noch einmal die Magie meines Vortrages über Beziehungen. Irgend etwas in mir schien zu wissen, daß mein Leben sich in Bälde und für immer verändern würde. Klang und Licht hatten in meinem Inneren damit begonnen, ein Leben voller Unruhe zu beruhigen und meine Unzufriedenheit durch Frieden und Klarheit zu ersetzen. Anhand der einzelnen Prinzipien konnte ich feststellen, daß ich mich mehr und mehr von den Einflüssen anderer Menschen löste und daß Dinge, die mir noch vor kurzem als ungeheuer wichtig erschienen waren, zusehends an Bedeutung verloren.

Ich habe immer das Reisen und die Bekanntschaft mit fremden Menschen geliebt. »Erzählen Sie mir etwas, was ich noch nicht weiß«, lautete mein Mantra. Nun wurde mir mitgeteilt, daß ich nicht der sei, für den ich mich gehalten hatte, und daß meine Familie mir meine in diesem Leben zu lernenden Lektionen widerspiegelte.

»Entschuldigen Sie bitte«, sagte eine attraktive blonde Frau mit großen braunen Augen, die im Flugzeug neben mir Platz genommen hatte und meinen kosmischen Überblick unterbrach.

»Ja bitte? Wie kann ich Ihnen helfen?« fragte ich und drehte mich zu ihr, um ihrer strahlenden Energie meine volle Aufmerksamkeit widmen zu können.

»Ich heiße Lorraine May und habe vor ein paar Tagen Ihren Vortrag in Kihei gehört. Ich bin eine glühende Verehrerin von C. G. Jung, deshalb überraschen mich Synchronizitäten wie diese nicht besonders. Es ist trotzdem merkwürdig, daß ich jetzt hier neben Ihnen sitze.

Ihr Vortrag hat mich begeistert, besonders der Teil, in dem Sie behauptet haben, daß es zwischen Mann und Frau keinen Unterschied gibt. Damit kann ich mich hundertprozentig identifizieren. Allerdings habe ich noch ein paar Fragen, die ich nicht vor all den Anwesenden stellen wollte. Ich bin etwas schüchtern. Ich kenne übrigens Leute, die schon mit Ihnen gearbeitet haben«, fuhr sie fort, »und die behaupten, daß Sie eigentlich *für* Beziehungen sind. Trotzdem haben Sie in Ihrem Vortrag behauptet, daß Beziehungen nicht funktionieren. Danach hatte ich den Eindruck, daß niemand mehr heiraten sollte. Ich hätte aber gerne eine liebevolle und solidarische Beziehung in meinem Leben. Was kann ich also tun?«

»Zunächst einmal muß ich Ihnen sagen, daß ich auf jeden Fall für Beziehungen bin, die auf Integrität der Partner, Spiritualität und bewußtem Nichtklammern beruhen. Beziehungen erfordern eine Menge harter Arbeit, und die meisten Menschen sind schlicht und einfach faul. Wenn Sie die Ausdauer und die Kraft besitzen, sich in einer Beziehung nicht zu verlieren und bis dahin Ihren Pfad nicht zu verlassen, kann es durchaus sein, daß am Ende eine verwandte Seele auf Sie wartet. Ich möchte nur wissen, weshalb zwischen den Geschlechtern und zwischen gleichgeschlechtlichen Partnern im Augenblick nichts mehr zu klappen scheint. Mal ehrlich, Lorraine – es gibt doch kaum Partnerschaften, die funktionieren, und Modelle des Zusammenlebens, die man anderen empfehlen könnte. Habe ich recht?«

»Ja«, stimmte sie zu.

»Mir gefällt die Idee, auf eine Seelenverbindung zu warten, anstatt in den Schleim der Cosmopolitan- und Playboy-Logik abzusteigen und sich Gedanken darüber zu machen, wie man jemanden ins Bett lockt, einen Orgasmus bekommt und seine Scham verbirgt, wenn der Partner zurück zu seiner Ehefrau und seinen drei Kindern geht.

Ich selbst habe zu lange gelitten, um noch an Philosophien und anderen Glaubenssystemen Interesse zu haben, die nicht funktionieren. Ich bin aus der Kirche ausgetreten, weil ich weder beim Priester noch bei seinen Schäfchen Liebe entdecken konnte.

Heutzutage funktionieren nur die Beziehungen der miteinander verwandten Seelen. Die Mehrheit steckt in karmisch schwierigen Bindungen, die schwer wieder zu lösen sind. Ich kann Ihnen versichern, daß der Grund für das Zusammentreffen von Mann und Frau nicht in hochgeladener, verliebter Projektion besteht.«

»Irgend etwas in mir hat sich gerade verändert«, enthüllte mir Lorraine. »Ich habe eben gemerkt, daß ich eine Beziehung mit mir brauche, ohne daß ein Mann für mich entscheidet, wer ich bin und was ich mit meinem Leben tun soll. Unsere Kultur definiert uns durch die Ehen, die wir eingehen, und die Kinder, die wir haben. Zuerst muß ich herausfinden, wer ich wirklich sein will. Ich muß tun, was mich glücklich macht. Ein Mann kann warten. Ich möchte mein Leben nur mit jemandem teilen, der zu meinem Inneren paßt.«

»Vielen Dank für Ihre Offenheit. Ram Dass sagte immer: ›Wer die Botschaft verstanden hat, sollte den Hörer aufhängen.‹«

Zum Abschied umarmten wir uns und gingen, nachdem der Flieger gelandet war, in unterschiedliche Richtungen davon. Ich fand ein Café und versetzte mir eine doppelte Ladung Koffein.

Als ich die Augen schloß, spürte ich eine innere Leere, die mir große Schmerzen bereitete. Eine neue Realität schien sich herauszukristallisieren, und ich war fest entschlossen, alles zu tun, um herauszufinden, worin sie bestand.

Ich rief bei der Vedanta-Gesellschaft an.

»Hallo, hier spricht Ramapriya. Mit wem spreche ich? Amrita. Halleluja! Ich muß unbedingt Swami sehen, wenn möglich noch heute nachmittag.«

Die Frau am anderen Ende der Leitung ließ mich einige Minuten warten. Ich klopfte einen Rhythmus mit dem Bleistift, summte vor mich hin und betete. Auf jeden Fall mußte ich die einzige klare Seele treffen, die ich kannte und der ich vertraute. Schließlich kam die Frau zurück und bestätigte einen Termin zum Abendessen mit dem Swami. Ich war überglücklich.

In einem Gemischtwarenladen kaufte ich ein Päckchen Pfefferminz, und während ich bezahlte, bemerkte ich einen Ständer mit Engelgrußkarten. Ich schaute mich genauer um und fand Tagebücher mit Engeln auf den Einbänden, Bücher über Engel und ein aktuelles Wochenmagazin mit der Titelzeile: »Glauben Sie an Engel?«

Gab es noch irgendeinen Zweifel daran, daß Engel förmlich in der Luft lagen? Konnte diese Fixierung auf himmlische Geschöpfe etwas mit der Resonanz und dem himmlischen Timing zu tun haben, von dem Paul gesprochen hatte?

Ich rief daheim in Sedona an, um meinen Anrufbeantworter abzuhören. Wieder fiel mir eine Stimme besonders auf. »Mein

Name ist Corinne Bennet. Ich muß mit Ihnen über eine paranormale Erfahrung sprechen, die ich gehabt habe. Ich lebe in Beverly Hills. Bitte rufen Sie mich so bald wie möglich zurück.«

Sie hatte eine Telefonnummer hinterlassen, unter der ich sie tagsüber erreichen konnte. Ich rief sie an, und sie hob nach dem ersten Freizeichen ab. Sie erklärte, daß sie mich gern treffen würde, und wir verabredeten uns in einem Restaurant auf dem Sunset Boulevard.

Sie wartete bereits auf mich, als ich durch den Eingang trat, und wir suchten uns einen ruhigen Platz im hinteren Teil des Restaurants.

»Albert, ich suche jemanden, mit dem ich über meine Nahtoderfahrung sprechen kann. Zwei Bekannte haben mich am gleichen Tag an Sie verwiesen, weil sie Sie in einer ähnlichen Angelegenheit aufgesucht haben. Sie kannten sich nicht, deshalb habe ich an eine Synchronizität gedacht und Sie in Sedona angerufen. Sie sind über Los Angeles zurückgeflogen, und nun sitzen wir hier«, sagte sie nervös.

»Ich würde mich freuen, Ihnen helfen zu können«, sagte ich. »Meine Mutter hat vor zwanzig Jahren eine Nahtoderfahrung gehabt, und viele meiner Klienten sind von der anderen Seite zurückgekehrt. Ich selbst habe allerdings keine derartige Erfahrung gemacht«, erklärte ich ihr.

»Vor sechs Wochen bin ich in einen Autounfall verwickelt gewesen. Eine ältere Frau ist mir von der Seite in den Wagen gefahren. An diesem Punkt habe ich das Bewußtsein verloren. Ich ging durch einen Tunnel und wurde am anderen Ende im Licht von einem mir bekannten Toten empfangen. Sein Name ist Elton. Ich war so froh, dort zu sein, daß ich nicht zurückkommen wollte. Mir wurde jedoch gesagt, daß ich zurückkehren und Botschaften an bestimmte Menschen weitergeben sollte. Als ich vorschlug, daß sie selbst es tun sollten, sagte man mir, daß diesen Botschaften eher Glauben geschenkt würde, wenn sie aus dem Mund eines anderen menschlichen Wesens stammen würden.

Ich sah Menschen in Körpern, und ich sah Licht, wo eigentlich Körper hätten sein sollen. Als ich mich nach den Körpern erkundigte, antwortete mein Freund Elton, daß die Betreffenden nicht wußten, wer sie wirklich waren, und ihnen dabei geholfen wurde, Illusionen zu klären; die reinen Lichtwesen kannten ihre wahre Identität.

Eines der Wesen ohne Form teilte mir mit, daß ich bald einen Mann treffen würde, der erfahren müsse, daß es innerhalb dieses Jahrzehntes zu großen Veränderungen kommen und er darüber schreiben würde, auf welche Weise sich Menschen diesen Veränderungen anpassen konnten. Menschen wie ich würden seine Informationen bestätigen. Als meine beiden Freunde mir von Ihren Sitzungen mit Ihnen erzählten, wußte ich, daß nur Sie damit gemeint sein konnten.«

Sie lächelte leicht und fügte dann hinzu: »Ich weiß, daß Sie es sind, weil ich Ihren Körper als Licht und nicht als Materie wahrnehme.«

Corinne wußte nichts von den acht Prinzipien, der himmlischen Hierarchie und meiner Arbeit mit Paul. Was sie mir mitgeteilt hatte, ließ trotzdem darauf schließen, daß ich mit ihr verbunden war. Ich war dankbar, aber auch sehr überrascht.

»Ihre Erfahrung klingt extrem faszinierend und glaubwürdig. Aber ich verstehe nicht, auf welche Weise ich Ihnen helfen könnte«, sagte ich.

»Können Sie mit meiner Botschaft überhaupt etwas anfangen?« fragte sie.

»Auf jeden Fall. Ich bin damit beschäftigt, Daten und Informationen zu sammeln, die unser Dasein hier auf der Erde neu definieren. Ich habe die Herausforderung angenommen, Leuten mitzuteilen, was sie wissen müssen, um an einen reinen und klaren Ort in ihrem Inneren zurückkehren zu können. Ein Ort, an dem Gott lebt. Die ultimative Pilgerreise wird uns zurück zu unserem Ausgangspunkt führen. Ein Garten Eden ohne Äpfel«, antwortete ich.

Wir lachten beide und bestellten Salat und Tee, bevor wir unser Gespräch fortsetzten.

»Seit meiner Nahtoderfahrung bin ich ein völlig veränderter Mensch, aber ich weiß nicht, was ich mit dieser Veränderung anfangen soll. Meine besten Freunde und Geschäftspartner kennen mich so nicht. Manchmal wünschte ich, ich könnte sterben und dorthin zurückkehren, wo ich so glücklich war«, sagte Corinne und weinte in ihre Serviette. Ich nahm ihre Hand und hielt sie schweigend.

»Sie wissen noch nicht, wieviel Freude Ihnen Ihr neues Bewußtsein bringen wird«, sagte ich schließlich. »Sie haben erwähnt, daß Sie zurückgekehrt sind, um den Menschen eine Botschaft zu überbringen. Allein die Botschaft, die Sie mir überbracht haben, ist für mich von großem Wert. Etwas zu wissen kann eine sehr einsame Angelegenheit werden, wenn man niemanden hat, mit dem man es teilen kann. Einen Engel wie Sie zum Beispiel«, fügte ich hinzu, weniger um sie zu trösten, als um ihr mitzuteilen, wer sie in Wirklichkeit war.

»Glauben Sie wirklich, ich bin ein Engel?« fragte sie freudestrahlend.

»Selbstverständlich sind Sie ein Engel. Sie sind der, der davongekommen ist. Zurückzukehren, um uns Bericht zu erstatten, ist für alle Menschen ein Wunder und ein Segen.

Machen Sie weiter, was immer Sie getan haben. Bleiben Sie an Ihrem Arbeitsplatz. Bleiben Sie bei Ihrem Ehemann, und wenn Ihre Seele etwas in Ihrem Leben verändern will, dann dekorieren Sie Ihre Wohnung neu.

Klang und Licht sind unsere Verbindungen zu dem, was immer war und immer sein wird, der Welt Gottes und der Einheit. Wenn Sie jemanden sprechen hören, wird Ihnen ein Sensor in Ihrem Inneren verraten, ob es sicher ist, sich ihm oder ihr mitzuteilen oder nicht. Der harmonische Klang einer menschlichen Stimme wird Ihnen ebenfalls dabei helfen, diese Entscheidung zu treffen.

Prismen und Meditation verstärken Heilvorgänge – irgendwie werde ich das Gefühl nicht los, daß Ihre Wohnung bald renoviert werden wird«, sagte ich.

»Sie haben recht. Von orientalischer Geisha zu italienischer Signora«, antwortete sie lachend. »Gibt es noch etwas, was Sie mir mitteilen möchten?«

»Hören Sie auf, in der Vergangenheit zu leben. Bringen Sie das, was Sie gefunden haben, ins Hier und Jetzt, und teilen Sie es mit anderen Menschen, wenn Sie es für sicher halten. Das Millennium rückt näher. Betrachten Sie es mit der gleichen Aufregung, die ein kleines Kind für das Herannahen der nächsten Weihnacht empfindet. Apokalypse und Weltuntergang wurden seit den ersten Tagen dieser Welt gepredigt und werden erst dann beseitigt sein, wenn alle Körper zu Licht geworden sind.

Ergeben Sie sich der Gnade Gottes und seiner Liebe. Wir leben in aufregenden Zeiten, und die bevorstehenden Veränderungen werden Sie an den Ort zurückbringen, von dem Sie gekommen sind.

Sei der Engel der du bist. Sei das Licht.«

Wir standen auf und umarmten uns. »Das war genau das, was ich hören mußte. Danke, Albert«, sagte Corinne.

»Ich danke dir dafür, mir den Himmel auf die Erde gebracht zu haben. Ist es nicht phantastisch zu wissen, daß wir etwas anderes sind, als wir immer zu sein glaubten?« fragte ich, als ich in den Leihwagen stieg, um zu Swami zu fahren.

Als ich am Vedanta-Zentrum ankam, das nur einen Katzensprung vom Hollywood Freeway entfernt lag, befanden sich Swami, die Nonnen und die Mönche in einer Konferenz. Das Gelände liegt hinter dichten Hecken. Gehwege ziehen sich durch die gepflegten Gartenanlagen und Rasenflächen, vorbei an dem Buchgeschäft, dem Tempel, den Unterkünften und Swamis Quartier – bescheiden, freundlich und ruhig –, in dem Tag und Nacht Rauchwerk brannte und das Aroma von Lavendel oder Rosen verströmte.

Seine Sekretärin begrüßte mich, und kurz darauf führte sie mich zu Swamis Quartier, wo Amrita die Tür öffnete und ich meinem Guru gegenüberstand. Wir umarmten uns, und er lud mich ein, Platz zu nehmen. Ich lehnte den schwarzen Tee, den man mir anbot, dankend ab und ließ mich mit einem schweren Seufzer nieder.

»Ich bin nicht der, der ich meinte zu sein«, entfuhr es mir, ohne nachzudenken.

»Dann sag mir wenigstens, wer du nicht bist«, entgegnete Swami mit listigem Lächeln.

»Wie du weißt, kommuniziere ich mit einem Geistführer namens Paul«, hob ich an.

»Ja, und das ist gut so. Ich frage mich allerdings, ob du verstehst, was er dir zu sagen hat, Ramapriya«, antwortete Swami mit einem Anflug von Ironie.

»Ich war für eine Woche in Maui und habe dort ein weiteres spirituelles Prinzip erfahren. Ich wollte von dir wissen, ob ich es richtig verstanden habe.«

»Fang von vorn an, Ramapriya. Erkläre mir das erste Prinzip. Erkläre es mir in deinen eigenen Worten. Und dann das nächste, und so fort«, sagte Swami.

Die Aussicht, meinem Lehrer die letzten beiden Prinzipien zu erklären, erfüllte mich mit innerer Unruhe, doch wenn er es so wollte, dann sollte es so sein.

»Dem ersten Prinzip zufolge ist das Ego der Feind, ein Feind, der von Gott geschaffen wurde und genauso ein Teil Gottes ist wie ich auch. Zu dritt sind wir eins. Das Ego ist jener Teil von mir, der sich von Gott getrennt hat und ursprünglich ein gefallener Engel war.«

»Das Ego ist ebenfalls eine positive und mächtige Kraft, die dich zu Gott zurückführen kann. Das Ego regiert die Welt der Illusionen. Wenn du lange genug nach Gott suchst, stirbt das Ego und ersteht als Schwellenhüter zu einem höheren Bewußtsein wieder auf«, setzte Swami hinzu.

»Das Ego verstehe ich. Die Erinnerung an die Dynamik des Egos hilft mir, mich vor seinen Täuschungen zu hüten«, ergänzte ich.

»Auf der Hut vor dem Ego zu sein bedeutet, auf der Hut vor sich selbst zu sein, oder etwa nicht?« fragte Swami.

Ich nickte und fuhr fort.

»Das zweite Prinzip besagt, daß Gott in uns wohnt, und es erinnert mich daran, daß Gott immer ein Teil von mir ist und geduldig in mir darauf wartet, daß ich zu ihm zurückkehre. Gott hat keine Vorurteile und keine Ressentiments. Er ist jener Teil in mir, der sich nach der Rückkehr in die Schar der Engel sehnt.«

»Vor nicht allzu langer Zeit bestand dein sehnlichster Wunsch darin, in Maui am Strand zu sitzen. Ich habe dir dazu geraten, Gott in jedem Menschen zu sehen, bis er dir ein Zeichen geben würde. Kannst du Gott spüren, Ramapriya? Sprichst du Worte, die in dein Ohr geflüstert wurden, oder wirst du von einem Licht verzehrt, das an dunklen Orten scheinen muß, um jenen zu leuchten, die die Orientierung verloren haben?« fragte er und starrte mir in die Augen.

»Ich möchte Gottes Willen dienen und nicht meiner Interpretation seines Willens. Du hast mir außerdem dazu geraten, Gott nicht im Weg zu stehen. Auch dazu bin ich hundertprozentig bereit.« Erschöpft lehnte ich mich auf der Couch zurück.

»Das habe ich zwar nicht gesagt, Ramapriya, aber so kann man es auch ausdrücken«, sagte er und lächelte übers ganze Gesicht.

»Das dritte Prinzip, nachdem das Licht niemals irren kann, verleiht mir das Wissen darüber, daß jeder tief im Inneren seines Bewußtseins über die Kraft darüber verfügt, die Heimkehr zu Gott anzutreten. Das Licht und die Liebe Gottes werden niemals sterben; sie liegen in jedem von uns und warten darauf, erweckt zu werden. Unsere Verbindung mit dem höheren Selbst kann Licht und Liebe erwecken und uns auf diese Weise ermöglichen, zu Gott zurückzukehren. Mörder, Diebe oder Prostituierte sind allesamt von Gott geschaffen und sind seine liebgewonnenen Kinder, für die es niemals zu spät ist, zu Gott zurückzukehren«, erklärte ich mit Nachdruck.

»Du bist weniger Albert und mehr derjenige, den Gott geschaffen hat, seit ich dich das letzte Mal gesehen habe. Wie erklärst du dir das?« fragte Swami und läutete die Teeglocke.

»Schmerz. In letzter Zeit habe ich starke, innere Schmerzen gehabt. In mir existiert mittlerweile ein extrem starkes Bewußtsein darüber, daß das, was ich will und wollte, nicht mit dem übereinstimmt, was Gott von mir will. Ich kann soviel über die Dunkelheit des Egos predigen, wie ich will, aber mein eigenes Ego führt mich dauernd in Versuchung und legt mich rein.

Werde ich jemals in Gottes Augen bestehen können?«

»Nicht, wenn du es dauernd versuchst. Mit Gott ist es nicht anders als mit Menschen. Zunächst mußt du Frieden und Befriedigung in dir finden. Lerne, dich selbst zu lieben, und du wirst so beliebt sein wie ein französischer Bäcker bei Sonnenaufgang.«

Wieder lächelte mein Meister, als sein Assistent ihm Tee eingoß.

»Du bist jetzt am vierten Prinzip angekommen, glaube ich. Fahre fort«, sagte er ohne die Spur eines Tadels.

»Dem vierten Prinzip zufolge sind unsere Familien karmische Spiegel. Der Grund für unsere Rückkehr auf diesen Planeten ist im Kreis unserer Familie zu finden. Dort sind unsere Charakterfehler offensichtlich. Schau dir Mutter und Vater an, und untersuche den Familienstammbaum nach Süchten, Talenten und neurotischem Verhalten. Wer einen Elternteil haßt, hat dessen Qualitäten, die er in einem Vorleben hatte und deshalb ablehnt. Die Probleme in einer Familie lassen sich lösen, indem Familiengeheimnisse an den Tag gebracht und emotionale Schmerzen erörtert werden. Eine Geburt ist niemals zufällig. Wir planen unsere Wiederkunft und suchen uns die Familie mit dem entsprechenden Karma aus, das wir brauchen, um frei zu werden.«

»Was ist mit denen, die nur das Gute und Positive in sich und anderen Menschen sehen? Die glauben, sie hätten Heilige als Eltern?« fragte Swami.

»Die machen sich etwas vor.«

»Das ist oft der Fall. Fahr fort«, sagte er.

»Das fünfte Prinzip besagt, daß niemand derjenige ist, der er zu sein meint: Männer und Frauen sind gleich. Eltern, Lehrer und Bezugsgruppen identifizieren den Menschen durch ihre eigenen Wert- und Vorurteile. Ich bin nicht Albert Clayton Gaulden, Sohn von Marguerite und Albert Clayton Gaulden, versehen mit bestimmten Vor- und Nachteilen. Ich bin ein göttliches Kind, das seine Handlungen aus Vorleben in diesem Körper abarbeitet.

Ich bin männlich und weiblich. Mein wahrer Partner befindet sich in meinem Inneren. Seit Jahrtausenden habe ich nach einem Partner gesucht, der mich glücklich macht. Dabei kann ich das Glück nur in mir finden und dann, wenn Gott es will, auch einen Partner in der Außenwelt.

Daß Männer und Frauen gleich sind, trifft zu. Dies liegt daran, daß es zu Anfang keine Trennung zwischen den Geschlechtern gab. Beide sind nach Gottes Ebenbild geschaffen worden. Unsere Welt ist eine Welt der Illusion. Wir selbst haben die Trennung zwischen männlich und weiblich herbeigeführt. Die Psychologie suggeriert uns, daß Männer und Frauen verschieden sind, weil sie keine Vorstellung von der Wahrheit hat. Sie erklärt Dinge so, wie sie zu sein scheinen.«

»Das Ego hat die Trennung zwischen Männern und Frauen geschaffen. Engel wie du werden sie wieder zusammenführen«, behauptete Swami und schloß die Augen.

Ich stützte mich auf die Sofalehne und merkte, wie Äonen von Sorgen und Ängsten von mir abfielen. Wie ich den Antworten meines Meisters entnehmen konnte, gab es keine richtigen Antworten, sondern viele unterschiedliche Standpunkte, die man zu Recht vertreten konnte.

»Jeder Weg, der zu Gott führt, ist der richtige Weg«, dachte ich. Dieser Satz erinnerte mich immer wieder daran, was mir am Vedanta-Hinduismus und Ramakrishna ursprünglich so anziehend erschien und nun zu meiner eigenen Vorstellung geworden war.

Langsam entrückten meine Sinne der mir vertrauten Umgebung.

Du bist nicht, für wen du dich hältst. Dieses Prinzip verstörte mich, weil ich dadurch zu dem werde, als der ich ursprünglich geboren wurde. Ich stehe vor Gott und bin bereit, ihm zu dienen.

Solange ich auf der Erde lebe, werde ich persönliche Vorlieben und Abneigungen hegen. Wenn ich klar sehe, wenn ich meditiere und die Tricks und Täuschungen meines Egos durchschaue, werde ich mich mit dem Willen meines höheren Selbst identifizieren und ihm Folge leisten. Jener Teil meines Selbst, der in der Lage ist, sich von meinem Ego zu separieren, sucht nach einer spirituellen Entwicklung.

Ich muß mir keine Sorgen um menschliche Schwächen machen. Ich suche Vollkommenheit, akzeptiere jedoch, daß ich unvollkommen bin. Kritik von anderen macht mir nichts aus. Demnächst werden sich viele Seelen wie die meine zusammenfinden. Weltweit werden spirituell orientierte Führer und Staatsmänner gewählt werden. Bald wird die Menschheit einer mystischen Erfahrung unterzogen, die zur Offenbarung eines göttlichen Wissens führen wird.

Die Bibel, ein mythologisches Buch voller Legenden, dient uns als Karte auf dem Weg zu Gott. Sie wurde von Wesen verfaßt, die sich hoch oben auf der himmlischen Hierarchie, auf den Stufen der Himmelsfürsten und Dominions, befanden. Um ihre Botschaft vor Nichteingeweihten zu schützen, enthält die Bibel versteckte Wahrheiten, die nur Initiierten und Aspiranten auf die Heimkehr verständlich sind und ihnen Hoffnung und Inspiration auf ihrem Weg geben.

Bei den Korinthern 13, Vers 9 bis 12, wird die Rückkehr des Menschen zu der Wahrheit, die er zu Anbeginn kannte, vorhergesagt:

Denn wir wissen nur einen Teil, und einen Teil prophezeien wir.

Doch wenn das perfekte Himmelreich kommt, werden die Teile eins.

Als ich Kind war, sprach ich wie ein Kind und verstand wie ein Kind: Als ich zum Mann wurde, ließ ich die kindischen Dinge hinter mir.

Jetzt sehen wir uns noch durch ein dunkles Glas, doch bald von Angesicht zu Angesicht: jetzt weiß ich nicht alles, doch dann werde ich alles wissen, so wie ich allen bekannt sein werde.

Ich tauchte aus meiner Andacht auf. Swami schaute mich an.

»Gibt es noch ein Prinzip, das du mit mir besprechen möchtest, bevor wir zur Vesper übergehen?« fragte er.

»Ich bin bereit für den Abendgottesdienst. Mein Körper und meine Seele bedürfen dringend der Ruhe und Entspannung«, antwortete ich.

Swami kicherte leise, als wir uns erhoben, um in den Tempel zu gehen, und schenkte mir eine Rose in voller Blüte, die er auf dem Weg dorthin pflückte.

»Sie erinnert mich an deine neugefundene Weisheit, Ramapriya. Wir werden sie heute nacht auf den Altar legen.«

Viele Novizen und Klienten behaupten, daß sie während der Meditation einschlafen, und auch ich schnarche manchmal, wenn ich meditiere. Diesmal geschah es, während Swami vor dem Altar sprach. Amrita saß neben mir und stieß mich heftig in die Seite.

»Ruhe, du bist lauter als Swami!«

Ich richtete mich in meinem Sitz auf und schwebte direkt an jenen Ort, an dem ich in der letzten Zeit so häufig gewesen war.

Prinzip 6:
Vergebung ist der Weg zur Klärung

Dieses Prinzip ist der erste Schritt zurück in den himmlischen Bereich. Vergebung schafft Bewußtsein darüber, daß der Mensch ein Engel ist, jedoch Ressentiments hegt, die für seine Separation verantwortlich sind. Mut, Tapferkeit und Vertrauen helfen beim Niederreißen der Mauern, die den Menschen an der Vereinigung und Kommunion mit seinen Mitmenschen hindert.

Bevor der Mensch sich auf den Weg nach Hause machen kann, muß er seine Seele von allem Karma der Vergangenheit klären. Nachdem er das Ego als falschen Lehrer entlarvt hat, wacht er auf und entdeckt seine wahre Identität. Aber jeder muß Vergebung von all denen suchen, denen er Leid zugefügt hat.

So wie eine Raupe sich verspinnt, um als Schmetterling wiedergeboren zu werden, muß dein Ego eine ähnliche Verwandlung durchlaufen: Es muß demütig vor Gott knien, sterben und als Ich wieder auftauchen. Durch die Transzendenz des Egos wirst du wieder eins mit Gott werden. In einem Moment ist das Ego die ruchlose, trügerische, verlogene, dunkle Seite deiner selbst; im nächsten werden durch die Aufgabe und Hingabe an die spirituelle Erfahrung das Ego und du als Kinder Gottes wiedergeboren.

Vergib dir selbst. Anderen zu vergeben macht die Suche nach der eigenen Vergebung einfacher. Die Bitte um Vergebung zeigt den Wunsch danach, sich das eigene Geburtsrecht wieder anzueignen und zu dem Wesen zu werden, das man immer war und immer sein wird.

Zuerst mußt du das Himmelreich in dir finden, alles andere wird daraufhin folgen. Suche Vergebung, und dir wird Freiheit von deinem bei der Geburt geschlossenen karmischen Vertrag gewährt werden.

Wenn du der Wahrheit in deinem karmischen Spiegel ins Antlitz schaust, mußt du wissen, daß alle dir zugestoßenen Leiden und Schmerzen in anderen Leben von dir verursacht wurden. Opfer sind umgekehrte Täter. Je mehr du vergeben kannst, desto näher kommst du den Toren des Himmels.

Ohne jene demütig um Vergebung zu bitten, denen du geschadet hast, wirst du auf ewig an sie gebunden sein. Du wirst mit etwas identifiziert sein, was du nicht bist, weil du nicht über genügend Klarheit verfügst, um zu erkennen, was deine wahre Natur ist.

Durch Vergebung wird das innere Licht stärker. Jedes weitere Licht verstärkt dein Kräftefeld, läßt das Licht heller und strahlender scheinen.

Egoismus und Selbstbezogenheit werden sich verringern und schließlich verschwinden. Reue, Selbstmitleid und das Gefühl, von niemandem geliebt zu werden, werden unter dem Licht der Liebe und der Vergebung schmelzen. Licht zeugt Licht, und innere Haltung und äußere Handlung verändern die Natur der transformativen Energie der inneren Lichtquelle.

Bald werden sich Gruppen von geklärten Menschen bilden, die andere Seelen auf ihrem Weg zur Erlösung anleiten. Die Restauration der himmlischen Hierarchie wird dann vollzogen sein, wenn jeder Akt der Grausamkeit, der Egozentrik, Gier, des Leides und der Separation geklärt sein wird.

»Erheben wir uns«, drang Swamis Stimme wie durch einen Schalldämpfer in mein Bewußtsein, während ich langsam wieder in die Realität zurückkehrte.

Eilig verließ Amrita die Meditationshalle, da Gäste erwartet wurden, während ich mit einigen Mönchen und einem anderen Gläubigen zusammensaß, einem Geschäftsmann, der sich nichts sehnlicher wünschte, als die Geschäftswelt aufzugeben und hier in der Vedanta-Gesellschaft Frieden zu finden. Seine Geschichte schien meiner eigenen zu ähneln, doch sagte ich nichts. Die Kunst zuzuhören ist weitaus stärker vom Aussterben bedroht als die Kunst der Rede.

»Albert, lerne zuzuhören, und höre zu, um zu lernen«, pflegte mir ein weiser alter Freund namens Fil jahrelang jeden Tag zu sagen.

Nach dem Abendessen saßen wir alle beieinander und tranken Tee. Das Gespräch dauerte bis tief in die Nacht. Einer der Mönche kam und erklärte mir, daß Swami mich eingeladen hatte, die Nacht im Kloster zu verbringen, weil ich den ganzen Nachmittag so hart an der Darstellung meiner spirituellen Prinzipien gearbeitet hätte.

Mein Zimmer war eine winzige Mönchszelle mit Bett, Tisch, Stuhl und einer Lampe. Es gab eine kleine Dusche und eine Kommode, auf der die Bücher von Swami Vivekananda und Swami Swahananda standen. Ich las darin, bis ich schläfrig wurde.

Kurz vor dem Einschlafen hörte ich, wie Pauls Stimme mir zuflüsterte: *Vergebung ist der Weg zur Klärung.*

Kapitel 9

WIEDERERKENNEN

Wer für den Gral bestimmt ist, der bringt seinen Bruder mit sich.
— TREVOR RAVENSCROFT
Der Kelch des Schicksals: Die Suche nach dem Gral

Mehrere Monate vergingen, ohne daß mir weitere spirituelle Prinzipien offenbart worden wären. In der Arbeit mit meinen Klienten wie auch in meinem Privatleben stellte ich jedoch eine Veränderung meiner Wahrnehmung fest, die sich auf mein Selbstverständnis und die Natur meiner Arbeit bezog. Meine Klienten erschienen mir weniger schwierig, bzw. fand ich es einfacher, ihre Schwierigkeiten zu tolerieren.

Das Verhältnis zu meiner Mutter verbesserte sich spürbar, und ich liebte sie auf eine profunde Weise, die keiner Erwiderung bedurft hätte. Sie hatte seit jeher Schwierigkeiten mit meinem Hang zur Astrologie, doch ich merkte, daß mir ihre Ablehnung nicht mehr viel ausmachte. Da sie nicht wußte, wer ich in Wirklichkeit war – so dachte ich immer –, konnte sie mich auch nicht lieben. Das sah ich jetzt nicht mehr so. Statt dessen begann ich mich nun zu fragen, wie *ihr* Leben verlaufen war, und allmählich verstand ich, wer meine Mutter war. Meine Kritik und Vorurteile verwandelten sich in Stolz darüber, was sie bewerkstelligt hatte. Ich bewunderte die Tatsache, daß sie als alleinstehende Mutter sechs Kinder großgezogen und sich nach ihrer Pensionierung noch um alleinstehende Nachbarn gekümmert hatte. Sie hatte für die alten Menschen Einkäufe erledigt, sich um die Buchhaltung gekümmert, ihnen vorgelesen und mit ihren Angehörigen geweint, als sie schließlich verstarben.

1989 hatte meine Mutter mir einen Stapel Gedichte geschickt, die sie während der letzten dreißig Jahre geschrieben hatte. Meine gute Freundin Martha Orr White lektorierte die Gedichte, und unter dem Titel *Gedichte, die meine Mutter schrieb* habe ich sie 1992 publiziert. Der Priester las die folgenden Zeilen bei ihrer Beerdigung:

Gott, laß mich bis zum Frühling leben,
Wenn Blumen blühn und Vögel zwitschern.
Dann sind die Bäume grün,
Und ich kann die Wärme noch einmal
auf meinem Rücken spüren.
O Gott, laß mich bis zum Frühling leben.

Meine Mutter starb am 23. März 1996. Zurückblickend bin ich sicher, daß sie in der Lage war, in die Zukunft zu sehen; daß sie wußte, daß wir uns aussuchen, wann wir wiedergeboren werden und zu welchem Zeitpunkt wir sterben.

Wenn ich von nun an hörte, was andere Menschen über mich dachten, reagierte ich amüsiert. Ich nahm mich selbst weniger ernst, und das erleichterte mein Leben enorm. Ich konnte mir die Beschwerden meiner Klienten anhören und war willens, mit ihnen zu erörtern, was ich an meiner Arbeit verbessern konnte, um ihnen weiterzuhelfen. Meine Launen nahmen nur noch Bruchteile meiner Zeit in Anspruch, und ich war offener und weitaus bereiter, Mißverständnisse sofort und ohne Umschweife aus der Welt zu schaffen.

Vorsichtig und mit eiserner Entschlossenheit blieb ich meinem Ego auf den Schlichen. Sobald ich irgendeine Qualität oder Charaktereigenschaft auf einen anderen Menschen projizierte, bemühte ich mich darum, diese Übertragung mit dem Betreffenden zu klären. Ich verstand den Unterschied zwischen den Anforderungen des Egos und dem, was mein höheres Selbst mir vorschlug.

Wurde mein Leben dadurch perfekt? Nein. Wurde es bedeutend besser? Ohne jeden Zweifel. Woran das lag? Daran, daß ich ernsthaft mit meiner Klärung begonnen hatte. Ich wiederholte mein Kennwort, konzentrierte mich während meiner Meditation auf die spirituellen Prinzipien und praktizierte, was ich gelernt hatte.

Je klarer ich wurde, desto mehr akzeptierte ich, wer ich war, und desto weniger Erwartungen stellte ich an mich selbst und an andere. Meistens erwachte ich am Morgen und fragte mich neugierig, was Gott an diesem Tag für mich bereithielt.

Ich reiste weiterhin durch das ganze Land, um meine Klienten zu treffen, und gönnte mir im Mai 1989 eine Kur auf einer Gesundheitsfarm in Ojai, Kalifornien. Acht Pfund leichter traf ich wieder in Sedona ein. Da ich meinen Anwalt, Russ Moker, seit Monaten nicht gesehen hatte, verabredeten wir uns zum Brunch in einem Café am Highway 89A.

Nachdem ich in Ojai das ungesunde Essen, vor allem in Form von Fett und Zucker, von der Speisekarte verbannt hatte, stand ich unschlüssig vor der Vitrine des kleinen Cafés und entdeckte schließlich ein Obsttörtchen, das ich trotz meiner Diät zu mir nehmen durfte.

Ich hatte den unbestimmten Eindruck, daß mir ein neues Bewußtsein bei der Auswahl meiner Speisen behilflich war, und als ich mich an einen der winzigen Tische gesetzt hatte, hörte ich, wie eine Stimme sich bei mir erkundigte, wie mir das Obsttörtchen schmecke.

Ich nahm einen Bissen und sagte: »Kein Fett, nicht fritiert, kein Zucker..., keinerlei Geschmack. Nicht schlecht. Versuchen Sie es ruhig selbst einmal.«

Russ und mir gegenüber saßen zwei Paare. Die Frage war von einem der Männer gekommen. Er war mittelgroß, blond und hatte durchdringende haselnußfarbene Augen.

Unsere Blicke trafen sich, und ich erkannte ihn wieder.

»Ich habe Ihr Bild heute in der Zeitung gesehen«, sagte ich zu ihm.

»In welcher Zeitung?« fragte er.

»USA Today«, erwiderte ich.

»Was habe ich dort gemacht?« wollte er wissen.

»Sie haben mit Präsident Clinton einen Dauerlauf veranstaltet«, gab ich zurück.

»Ich bin wirklich erstaunt, daß Sie mich wiedererkennen. Es waren zehn andere mit mir auf dem Bild, und noch dazu habe ich den Kopf gesenkt gehalten. Wie um alles in der Welt haben Sie mich wiedererkannt?« wollte er wissen.

Ich zuckte mit den Achseln und schaute ihn mit einem geheimnisvollen Blick an.

»Ich bin Tom Davidson. Dies ist meine Frau, Cheryl, und mein Bruder John und seine Bekannte Linda.«

Wir begrüßten uns. Russ stellte sich vor: »Fragen Sie nie danach, woher Albert irgend etwas weiß. Zu wissen, was niemand sonst weiß, das ist sein Geschäft.«

Da ich eine Verabredung im Los-Abrigados-Fitness-Studio hatte, erhob ich mich bald darauf. »Wenn Sie Lust haben, können Sie in meinem Fitness-Studio trainieren. Ich werde zwei Pässe für Sie am Eingang hinterlegen«, sagte ich, einer spontanen Eingebung folgend, und schüttelte jedem der Anwesenden zum Abschied die Hand.

Tom machte den Eindruck, als würde er jeden Tag trainieren. Er war von robusterer Statur als ich, braungebrannt und wirkte ausgesprochen gesund. Er verströmte eine Energie, die mir extrem vertraut schien und die ich aus einer anderen Epoche zu kennen glaubte.

Als ich am Montag wieder in den Fitness-Club kam, hatte Tom seinen Namen und seine Adresse dort für mich hinterlassen. Ein paar Tage später schrieb ich ihm einen Brief, in dem ich versuchte herauszufinden, woher ich ihn kannte. Seine Antwort war eine Postkarte, auf der ein Kind in Französisch die Worte *Du bist mein Freund* schrieb. Ich hatte schon immer das Gefühl gehabt, während der Französischen Revolution gelebt zu haben, und fühle mich besonders von der napoleonischen Epoche angezogen. Deshalb hängt auch ein großes Ölporträt Napoleons von John Dawson in meinem Wohnzimmer an der Wand.

Eines Abends im September rief Tom mich an. Er war auf der Durchreise und wollte für ein paar Tage in Sedona haltmachen und mich bei dieser Gelegenheit besuchen. Die französische Marine hatte ihn im Rahmen eines zweijährigen Austauschprogrammes in einer Sondereinheit aufgenommen, und er stand kurz vor seiner Versetzung nach Frankreich. Anfang Oktober stand er schließlich vor meiner Tür, in kurzen Hosen und T-Shirt, wie bei unserer ersten Begegnung.

»Komm rein«, sagte ich freundlich, schüttelte ihm die Hand und nahm ihm die Reisetasche ab.

Er blickte mich mit seinen durchdringenden Augen an und fragte ernst: »Was mache ich hier, und weshalb hast du ein Bild von Napoleon an der Wand hängen?«

Toms Frage löste eine stundenlange Diskussion über Wiedergeburt aus. Wir fragten uns, warum bestimmte Menschen in späteren Leben erneut zusammentreffen, was der Grund für ihr Wiedersehen ist und weshalb manche dieser Wiedervereinigungen tragisch verlaufen. »Man fängt genau dort wieder an, wo man in seinem Vorleben aufgehört hat«, sagte ich. »Manchmal reicht eine flüchtige Begegnung aus, ein anderes Mal werden wir dazu gezwungen, bereits begonnene Dinge ein für alle Mal zu Ende zu bringen.«

Tom erklärte, daß er im baptistischen Glauben erzogen worden sei und daß Baptisten nicht an eine Wiedergeburt glaubten. »Unglücklicherweise war auch ich von Kindheit an Mitglied einer Baptistenkirche und sollte eigentlich Priester werden. Zum Glück habe ich statt dessen das Saufen angefangen«, sagte ich und beobachtete seine Reaktion.

Wir verließen das Haus, um im Heartline Café, Sedonas beliebtestem Restaurant, zu Abend zu essen.

»Ich habe deinen Brief über unsere gemeinsamen Vorleben in Italien, Ägypten und Frankreich sehr interessant gefunden. Besonders weil ich bald für zwei Jahre in den Süden Frankreichs gehen werde. Woher weißt du, daß wir uns aus Vorleben kennen?« fragte Tom.

»Irgend etwas in mir ist stärker als all meine rationalen Überlegungen. Von dem Augenblick an, als wir uns zum ersten Mal begegnet sind, habe ich dir gegenüber ein vertrautes und liebevolles Gefühl gehabt. Der Klang deiner Stimme löste ebenfalls eine seltsame Vertrautheit in mir aus«, sagte ich.

»Einige deiner Vorstellungen gehören zum Merkwürdigsten, was ich jemals gehört habe, Albert. Aber ich fühle mich aus zwei Gründen von dir angezogen. Zum einen ist deine Art und Weise, Dinge auszudrücken, ausgesprochen positiv und energetisch. Und zum anderen mag ich dich einfach. Wie willst du allerdings *beweisen*, daß Menschen durch gemeinsame Vorleben miteinander verbunden sind?« wollte Tom wissen.

»Es gibt keinen endgültigen Beweis. Das ist das Aufregende an der Reinkarnation. Du mußt deinem Instinkt vertrauen und darauf warten, bis die Zeit dir dein Schicksal und dein Karma mit einer anderen Person enthüllt und du erfährst, ob es seiner Natur nach schmerzerfüllt und trügerisch ist oder einfach wundervoll.«

»Wenn deine Theorie von der Wiedergeburt zutrifft, wie können sich Christen, Katholiken und Juden derartig geirrt haben? Sie leugnen die Möglichkeit der Reinkarnation vollkommen«, sagte Tom und verzehrte den Rest seiner Nachspeise, die wir beide in uns hineingeschaufelt hatten wie olympische Zehnkämpfer.

»Die etablierten Religionen halten die Tatsache vor ihren Gläubigen geheim, daß das Konzept der Reinkarnation ursprünglich Teil jeder Glaubensrichtung war. Wie der Staat, so hat auch die Kirche kein großes Interesse daran, zu viele Informationen zu enthüllen, die ihre Institution überflüssig machen könnten«, sagte ich.

»Entscheidend ist, was du tief in deinem Inneren als Wahrheit akzeptierst, und nicht, was man dir dein Leben lang in Kirchen erzählt hat. Es ist an der Zeit, diesen Müll beiseite zu räumen und Gott zu gestatten, die Führung zu übernehmen.«

»Ich finde es faszinierend, daß ein pazifistischer Ex-Baptist und ein zukünftiger Marinesoldat hier zusammensitzen und über mögliche gemeinsame Vorleben räsonieren. Wie um alles in der Welt haben ausgerechnet wir uns gefunden, und worin besteht unsere gemeinsame Aufgabe?« wollte Tom wissen.

Ich nickte andächtig, sagte aber kein Wort.

»Ich werde für zwei Jahre in Frankreich bleiben. Warum warten wir nicht ab, was sich in diesem Zeitraum ereignet? Oder besser noch, warum kommst du nicht im Herbst nach Paris und besuchst mich dort?« fragte Tom.

Ich sagte zu, behielt mir jedoch vor, daß ich mir mein Hotel selbst aussuchen würde. Als wir die Rechnung bezahlen wollten, hielt Tom mich am Ärmel fest. »Ich wollte dir noch etwas erzählen, habe es aber beinahe vergessen. Deine Telefonnummer ist die gleiche wie meine Rekrutennummer bei der Ausbildung.«

Mein Gehirn arbeitete auf Hochtouren. Ich hatte sein Bild in der Zeitung gesehen und ihn dann ausgerechnet in Sedona getroffen. Beide hatten wir ein starkes Faible, wenn nicht gar eine Leidenschaft für Frankreich, die Französische Revolution und Napoleon. Und wie sollte ich mir die miteinander korrespondierenden Zahlen erklären?

Die Wochen vor meiner Abreise nach Frankreich schienen wie im Flug zu vergehen. Ich besuchte Klienten in Los Angeles, Dallas, New York, Chicago und Birmingham. Ich hielt Vorlesungen und schlug mich mit Leuten herum, die die alten Antworten auf die gleichen alten Fragen hören wollten, doch der Ansatz meiner Arbeit veränderte sich mehr und mehr. »Erkenne Gott in jedem anderen, und eines Tages wird Gott dich finden und berühren.« Diese Worte Swamis nahm ich mit in jede Stadt und jedes Treffen, an dem ich teilnahm.

In Paris angekommen, buchte ich ein Zimmer im Le Grand Hotel Inter-Continental, direkt gegenüber der Oper. Das Grand Hotel ist ein majestätisch anmutendes Gebäude aus dem achtzehnten Jahrhundert, mit Marmortreppe, hohen verzierten Decken, guten Antiquitätenimitationen und teuren Ölgemälden. In der Lobby liegen persische Teppiche, ebenso in den verwinkelten Foyers und Sitzecken des Hotels.

Ich schlief bis zum Nachmittag und wachte alle paar Stunden wieder auf, nur um erschöpft zurückzusinken und wieder einzuschlafen. Gegen sechs Uhr abends klingelte das Telefon. Es war Tom. Er war gerade mit dem Zug aus Toulon angekommen, und ich teilte ihm mit, daß ich für ihn ein Zimmer direkt neben dem meinen gebucht hatte.

Eine halbe Stunde später stand Tom vor meiner Tür und teilte mir mit, daß er einen umfangreichen Plan für unsere vier gemeinsamen Tage ausgearbeitet hatte, und ich war überrascht, wie liebevoll er unsere Zeit verplant und wieviel Mühe er sich dabei gegeben hatte. Auf unserem Plan standen Versailles, das Musee Dórsay und der Louvre.

Wir verließen das Hotel, um uns die Stadt anzuschauen. Das Wetter war feucht und kühl, und wir beschlossen, ein Taxi zum Café Les Deux Magots, einem Künstlertreffpunkt, zu nehmen. Obwohl Tom und ich uns kaum kannten, hatten wir keinerlei Mühe, uns zu unterhalten. Oftmals begann einer von uns einen Satz, und der andere führte ihn zu Ende. Es schien keine Tabus zwischen uns zu geben.

Wir warteten vergeblich auf ein Taxi. Auf der Straßenseite gegenüber stand eine Kirchentür offen.

»Welche Kirche ist das, Tom?«

»Saint Germain-des-Près. Die Kirche hat eine ausgesprochen interessante Geschichte. Ich habe sie in einem der Bücher gelesen, die du mir aus Sedona geschickt hast«, sagte er bedeutungsvoll.

»Komm, gehen wir kurz rein. Wir finden sowieso kein Taxi.«

Wir rannten über die regennasse Straße und verschwanden bald darauf in der Dunkelheit einer gotischen Kathedrale aus dem zwölften Jahrhundert. Eine Gruppe von Engeln schien unter der Decke zu schweben – und sofort lief meine Phantasie Amok.

Das muß der Rauch von den überall brennenden Kerzen sein, dachte ich und versuchte, mich wieder zu beruhigen.

Um uns herum befanden sich die üblichen Ikonen und Reliquien. In den Nischen brannte ein Meer von Kerzenlichtern, und im Hintergrund sang ein Chor. In der Mitte des Kirchenschiffs befanden sich Bänke, die bis an den Altar reichten. Gläubige entzündeten Kerzen für ihre Lieben und ihr eigenes Wohlergehen.

Tom und ich trennten uns und begaben uns in unterschiedliche Teile der Kirche. Ich fühlte mich unwiderstehlich von dem blumengeschmückten Altar angezogen. Dort brannten zwischen den Winterblüten nach Rosen duftende Kerzen in schweren Goldkandelabern. Ich setzte mich in die erste Reihe und versank sofort in jenen mir mittlerweile so vertrauten Bewußtseinszustand.

Ich konnte mich nicht bewegen, fühlte mich aber vollkommen entspannt. Bald hörte ich nichts mehr außer dem Donnern einer metaphysischen Stille.

Prinzip 7:
Du bist deines Bruders Hüter

Ich weiß, daß ich mich an einem Ort befinde, an dem ich schon oft gelebt habe. In diesem Leben wird es hier viele angenehme Erinnerungen geben. Tom begleitet mich seit mehr als zweihundert Leben. Er ist auf der Suche nach Antworten. Ich werde ihm dabei helfen, sie dort zu finden, wo auch die Fragen sind: in seinem Inneren.

Der Klang meiner Stimme hatte ihm Widerstand unmöglich gemacht. In dem Augenblick, als er mich sprechen hörte, war er magnetisch von mir angezogen worden. Er wird mir immer vertrauen, weil wir unsere positive Verbindung im Verlauf zahlloser Leben etabliert haben.

Wir haben keinerlei negatives Karma miteinander. Schwierigkeiten zwischen uns resultierten ausschließlich aus unseren miteinander kollidierenden Egos. Ich war derjenige, der den Weg nicht verlassen durfte. Ich spürte, daß meine Aufgabe darin bestand, ihn ins Licht zu führen.

Er ist mein Schüler gewesen, mein Sohn, ein Freund, ein Bruder. Unter karmischen Gesichtspunkten war Frankreich für uns beide ein besonders wichtiges Land. Hier hatten wir unsere letzten Inkarnationen verbracht, und nach Frankreich waren wir nun zurückgekehrt, um die Erinnerung an die Gründe für unsere Wiedervereinigung zu reaktivieren.

Durch eine karmische Blutsverbindung war Tom vom Weg abgekommen und hatte eine falsche Identität angenommen sowie Verantwortung übernommen, die nicht die seine war. Er trägt die Erinnerungen an die Übertretungen seines Vaters und seines Großvaters in sich und muß genau diese Übertragungen klären, um herauszufinden, wer er in Wirklichkeit ist.

Er ist ein Engel auf der vierten Stufe der himmlischen Hierarchie und ein Meister im Aufdecken und Entschlüsseln planetarer machiavellistischer Machenschaften. Toms Auftrag bestand darin, energetische Ungleichgewichte, die als Resultate von Machtkämpfen auftraten, zu korrigieren, um Auseinandersetzungen und Krieg um Kontrolle und Dominanz zu vermeiden.

Ich mußte mich daran erinnern, daß ich ebenso wie er nicht der war, für den ich mich hielt. Beide waren wir Sucher nach dem Heiligen Gral gewesen. Der Heilige Gral steht für die Suche nach unserem wahren Selbst und dem Weg zurück dorthin. Alle Wege, die zu Gott führen, sind richtige Wege; trotzdem hat der Mensch bei seiner Rückkehr Schwierigkeiten.

Jedes Buch, jede Predigt, jede Vorlesung ist ein Ausdruck des menschlichen Bestrebens, an einen perfekten Ort zurückzukehren.

Der Kampf des Menschen besteht aus Korrekturen in Gedanken und Tat. Wüßte der Mensch, wer er in Wirklichkeit ist, gäbe es keinen Kampf und keinerlei Konflikt. Er würde seine Irrtümer einsehen, seine Waffen niederlegen, den Kampf aufgeben und sich auf den Weg nach Hause begeben.

Franz von Assisi legte seinen Brüdern nahe, sich zu zweit auf die Reise zu machen, weil der Weg dann weniger einsam und die Arbeit nicht so mühsam ist. Gefährten sind ein wichtiger Bestandteil menschlichen Dharmas.

Zum Beginn seiner Rückkehr zu Gott und zu sich selbst muß der Mensch den sieben Todsünden ins Auge sehen: Stolz, Gier, Lust, Wut, Ausschweifung, Neid und Faulheit. Er muß der Angst von Angesicht zu Angesicht gegenübertreten. Die Teufel, die ihn jagen, sind in Wirklichkeit Engel, die gekommen sind, um ihm zu helfen.

Der Mensch muß Handlungen gegen seine wahre Natur als solche zu erkennen lernen; er muß Vergebung suchen und sich als der zu erkennen geben, der er in Wirklichkeit ist, und nicht als jemand, der er vorgibt zu sein.

Das Paradox, sein Karma allein bewältigen zu müssen, bevor man den Gral erreichen kann, besteht darin, daß man diesen ohne den eigenen Bruder, die eigene dunkle Seite, nicht finden wird.

Der Mensch ist Licht und Dunkel, und wir alle sind nach Gottes Ebenbild und seiner Essenz geschaffen. Kehrt jemand zurück zu Gott, so muß er in Gesellschaft von jemandem sein, der der Erlösung bedarf. Es reicht nicht, die Fehler und Irrtümer der Vergangenheit eingesehen zu haben. Der Mensch muß willens sein, seinen bisherigen Pfad zu verlassen und eine andere Route einzuschlagen.

Fahre fort damit, deinen kritischen Verstand zu beruhigen. Gehe tief in dich, dorthin, wo Gott wohnt. Mache dich auf die Suche nach bedingungsloser, unabhängiger Liebe. Bete darum, daß Gottes Wille und nicht dein eigener geschehe.

Verlangsame deine Handlungen. Schau zurück und sieh, wessen Herz zu verzagt ist, um die Reise nach Hause anzutreten. Reiche denen, die in deiner Nähe ins Stolpern kommen, die Hand.

Erkenne Gott in jedem anderen Menschen. Du bist deines Bruders Hüter.

Ich spürte einen leichten Druck auf der Schulter, und als ich die Augen aufschlug, blickte ich in ein strahlendes Licht und in das Gesicht eines Engels.

»Albert, die Kirche wird gleich geschlossen. Ich habe mich schon gefragt, wo du steckst. Vom Altar her zogen Rauchschwaden durch die Kathedrale, daraufhin habe ich dich hier gefunden. Ist alles mit dir in Ordnung? Du hast so friedlich und strahlend ausgesehen.« Der Engel sprach mit der Sanftheit eines barmherzigen Mönches.

»Tom, du hast dich doch auch die ganze Zeit über gefragt, weshalb wir uns getroffen haben. Würde es dir als Antwort ausreichen, wenn du wüßtest, daß wir Brüder sind?« fragte ich ihn, als wir auf den Ausgang zugingen.

Schweigend gingen wir nebeneinander, bis wir auf der Straße standen. Tom schien über meine Worte nachzudenken.

»Albert, wenn wir Brüder sein sollten, dann würde ich gern wissen, wer unsere Mutter ist. Sie muß mindestens einhundertundeins sein«, rief er lachend, während er losrannte, um uns ein Taxi zu holen.

Am Sonntag morgen mußte ich abreisen und er den Eilzug zurück nach Toulon nehmen. »Dies waren die besten Ferien meines Lebens«, sagte ich zu Tom. »Mit Familienangehörigen und Freunden zu reisen ist selbst unter den besten Bedingungen schwierig und ...«

»Sogar wenn man die größte Suite im Palast bekommt«, fügte Tom amüsiert hinzu.

Wir redeten noch eine Weile und versprachen einander, den Kontakt auf keinen Fall abreißen zu lassen. Er wollte mehr über die Arbeit mit meinen Klienten wissen.

»Aus irgendeinem Grund meine ich zu wissen, daß sich meine Arbeitsweise in nächster Zeit verändern wird. Ich werde deshalb abwarten, bevor ich dir allzu viele Antworten gebe. Schließlich möchte ich deine Baptistenmentalität nicht zu sehr kränken«, meinte ich scherzhaft.

Ich ließ Wasser für ein Bad einlaufen, während Tom auf sein Zimmer ging, um zu packen, zu meditieren und dann schlafen zu gehen. Sein Zug nach Toulon fuhr bei Tagesanbruch ab.

Ich versank in meinem Schaumbad und ließ die letzten vier Tage Revue passieren. Mir war klargeworden, daß Beziehungen durch Gott aktiviert wurden und zwar dann, wenn Gott es für richtig hielt.

Egal was ich von Paul gelernt haben mochte, ich mußte abwarten, auf welche Weise sich meine Beziehung zu Tom entfalten würde und was ich dabei für seine Spiritualität und Erleuchtung zu tun imstande war. Als ich die Bettdecke zurückschlug, fand ich ein Päckchen und einen Brief auf meinem Kopfkissen.

Lieber Albert,
Ich danke dir für deine Liebe, deine Freundlichkeit und deine Aufrichtigkeit. Ich hatte die schönste Zeit meines Lebens. Du bist ein Lehrer, ein Vater, ein Freund und Bruder.
Für immer,
Tom

Ich wickelte das Geschenk aus und fand ein dunkelblaues Sweatshirt mit langen Ärmeln und Kapuze. Ein kleines Stück Papier war daran geheftet, worauf stand:

Dies ist eines der Sweatshirts, die ich letzten Monat für die Mitglieder meiner Mannschaft habe machen lassen. Ich finde, du solltest eines davon haben. Trage es mit Stolz.
Tom

Ich entfaltete das Hemd und las die auf den Rücken geprägte Aufschrift: Meines Bruders Hüter.

Ich löschte das Licht in meinem Zimmer und lag in meinem Bett, durchströmt von den wärmsten und herzlichsten Gefühlen, die ich seit langer Zeit einem anderen Menschen gegenüber empfunden hatte. Ich ließ die Balkontür offenstehen, und der Vorhang wehte leise in der Nachtluft.

Bevor ich meine Reise ins Traumland begann, nahm ich ein Buch vom Nachttisch auf, das ich schon als kleiner Junge gelesen hatte, *Ein Kindergarten voller Verse* von Robert Louis Stevenson, und las mich damit in den Schlaf.

Mein Schatten

Ich habe einen kleinen Schatten, der mich überall hinbegleitet und der mir mehr nützen kann, als ich weiß. Er gleicht mir von Kopf bis Fuß und springt vor mir ins Bett.

II

Komisch ist, daß er schneller wächst, als kleine Kinder es sonst tun. In einem Augenblick springt er wie ein Gummiball und ist im nächsten kaum zu sehn.

III

Er weiß nicht, wie wir Kinder spielen, und äfft mich ständig nach.

Er klebt an meiner Seite wie ein Feigling an seinem Kindermädchen.

IV

Eines frühen Morgens vor Sonnenaufgang fand ich den Tau auf jeder Butterblume.

Mein fauler, feiger Schatten schlief derweil daheim in meinem Bett.

Gute Nacht Welt. Gute Nacht, Tom. Gute Nacht, Paul. Ich liebe dich, Gott. Ich werde immer meines Bruders Hüter sein.

Auf meinem Weg nach Sedona machte ich in Birmingham halt und besuchte meine Mutter, bevor ich meinen Vortrag über Seelenverwandtschaften in einem Buchladen dort wiederholte. Als wir den Frage-und-Antwort-Teil der Veranstaltung erreicht hatten, fiel mir ein Mittdreißiger mit gerötetem Gesicht und leicht zur Seite geneigtem Kopf auf, der immer wieder Fragen stellte und schließlich wissen wollte, ob ich in Sedona auch Privatsitzungen mit Klienten abhalten würde. Ich sagte ihm, daß ich dies durchaus in Betracht ziehen würde, und wenig später tauchte der Mann in Sedona auf, und wir arbeiteten zusammen. Kurz darauf veröffentlichte er eines der erfolgreichsten Bücher der amerikanischen Verlagsgeschichte. Ein Buch, das das Bewußtsein von Millionen Menschen auf der Welt erweiterte. Sein Name war James Redfield, und sein Buch hieß *Die Prophezeiungen von Celestine*.

Delayne, eine schöne, aber schüchterne Frau, fiel mir um den Hals und erzählte mir, wie sehr ihr mein Vortrag über reinkarnierte Liebe gefallen habe. Sie erklärte, daß sie immer an Vorleben geglaubt habe, selbst als ihre Freunde und Verwandten dies nicht getan hätten.

Dann stellte sie mir eine Frage, die bald darauf mein ganzes Leben verändern sollte: »Albert, hast du schon einmal eine Gruppe von Menschen in Sedona zu Besuch gehabt und mit ihnen gearbeitet? In den nächsten sechs Monaten muß ich viele Veränderungen vornehmen und Entscheidungen treffen, und ich brauche dringend Hilfe dabei«, sagte sie.

»Vor fünf Minuten hat mir jemand genau die gleiche Frage gestellt. Versucht ihr beide, mir etwas durch die Blume zu sagen?« fragte ich. »Ich habe so etwas noch nie zuvor gemacht, Delayne. Aber ich wäre dazu bereit. Warum werfen wir nicht einen Blick auf unsere Terminkalender und suchen uns ein Datum aus, das uns beiden paßt? Du kannst nach Sedona kommen, und wir werden unsere Arbeit soweit vertiefen, wie du willst«, antwortete ich und fragte mich, wie ich mich auf diesem unbekannten Terrain wohl bewegen würde.

»Wie wäre es mit ... nächster Woche? Bist du bereit, mir dabei behilflich zu sein, die nächste Stufe zu erreichen?«

»Delayne, das ist möglicherweise etwas zu früh. Ich habe keine Ahnung, wie ich mit deinen mysteriösen und tiefen Veränderungen umgehen soll.«

»Albert, ich habe den unbestimmten Verdacht, daß Gott in deinem Licht Menschen versammelt, die ihre dunkle Vergangenheit anschauen müssen. Du bist auserwählt, es ihnen einfacher und klarerzumachen.«

Delayne drückte mich fest an sich und gab mir einen Kuß auf die Wange. »Hör auf damit, Gott im Weg zu stehen. Was vor dir liegt, ist gewaltiger als alles, was du bisher getan hast. Mit diesen süßen Ohren wirst du nie verstehen, warum das so ist«, sagte sie und zog an meinem rechten Ohrläppchen.

»Ich höre zwar, was du sagst, aber ich bin mir keinesfalls sicher, daß ich dich richtig verstehe, Delayne«, antwortete ich und zuckte mit den Schultern.

Als ich in mein Hotel zurückkehrte, erwartete mich die Nachricht eines Klienten aus Kalifornien, der mich um einen zweitägigen Konsultationsbesuch bat. Obwohl Weihnachten vor der Tür stand, sagte ich unter der Bedingung zu, daß er mir meine Lieblingshütte Aussicht III auf der San-Ysidro-Ranch reservierte. Das tat er. Ich buchte meinen Flug und war nur wenige Stunden später wieder unterwegs.

Kapitel 10

RUHE

Liebe ist ausschließlich Liebe, Liebe ist; das Konzept von der Existenz des »Göttlichen« im Gegensatz zum »Menschlichen« ergibt innerhalb der Liebe keinen Sinn. Liebe diskriminiert nicht, Liebe vereinigt alles miteinander.

— Dhiravasma

Ich befand mich im Flugzeug hoch über den Wolken und gab mir Mühe, aus meiner achtstündigen Flugzeit nach Montecito das Beste zu machen. Anstatt zu lesen, entschied ich mich dafür, meine Kopfhörer aufzusetzen und Naturgeräuschen von Wasserfällen und Ozeanrauschen zu lauschen. In zwölftausend Meter Höhe gibt es kaum etwas Beruhigenderes.

Prinzip 8:
Es gibt nur Liebe

Ich kam erst spätabends in Montecito an, konnte aber nicht schlafen und fuhr zum Strand hinunter, wo ich einen langen Spaziergang unternahm.

Die Weihnachtslichter an den Strandhäusern blinkten, und die Rentiergespanne aus Plastik schienen aus dem Nachthimmel auf den Strand niederzufahren, während ich ziellos über den nassen, dunklen Sand schlenderte.

Die Menschen aktivieren das Ego genau so, wie Luzifer und sein Schatten-Selbst einst Gott zur Handlung bewegt haben, dachte ich. Wenn Gott sich für Tausende von Jahren in Geduld üben konnte, mußte auch ich darauf warten können, daß mein Ego die Schlacht verlieren würde.

Die nächtliche Wanderung beruhigte meinen kritischen Verstand und sein unermüdliches Geschnatter. Jetzt war ich ruhig und bereit zu schlafen. Auf der Ranch angekommen, fiel ich todmüde ins Bett und versank in einen tiefen, erholsamen Schlaf, der durch nichts unterbrochen wurde.

Der Schrei eines Hahnes weckte mich. Ich fühlte mich ausgeruht und energetisiert, setzte mich vor die Flügeltüren meiner Hütte und las die dicke Sonntagsausgabe der *Los Angeles Times*. Am Horizont war der Küstenstreifen zu sehen, und die San-Ysidro-Ranch lag unter strahlendblauem Himmel in der Sonne.

Aussicht I, II und III sind weiße, miteinander verbundene Kabinen im nordkalifornischen Cape-Cod-Stil, von denen jedoch jede über einen separaten Eingang verfügte.

Nachdem ich die Zeitung gelesen hatte, schaltete ich meinen tragbaren Computer ein und ließ meinen Gedanken freien Lauf, die bald darauf auf dem bunten Bildschirm auftauchten. Ich schrieb, bis sich der Hunger meldete, und ließ zwischendurch meinen Blick über die gepflegte Anlage wandern.

Ich sah ein Pärchen, das seinen Morgenlauf beendet hatte und nun gemächlich die Einfahrt zu der Ranch hinaufschlenderte. Er legte seinen Arm um ihre Schulter und küßte sie zärtlich.

Liebe lag in der Luft, dachte ich. Wenn es nur Liebe gab, dann war sie auch hier und heute in Montecito anwesend. Das Ego konnte sich auf den Straßen und Schlachtfeldern austoben.

»Guten Morgen. Wie kommt es, daß Sie an einem schönen Tag wie heute arbeiten?« Ich blickte auf und erkannte den Mann, der eben die Einfahrt heraufgekommen war.

»Ich versuche, schnell ein paar Aufzeichnungen zu machen, bevor ich sie vergesse«, gab ich zurück. »Haben Sie schon einmal eine gute Idee verloren, weil Sie sie nicht rechtzeitig aufgeschrieben haben?«

»Meiner Ansicht nach kehren wichtige Ideen und Gedanken immer wieder zurück, wie hungrige Hunde oder Katzen, bis sie gefüttert werden«, sagte er.

»Oh, ein Humorist der alten Will-Rogers-Schule«, erwiderte ich.

»Woran schreiben Sie gerade?« wollte der Fremde wissen.

»Ich schreibe hungrige Hunde und Katzen«, antwortete ich, und wir mußten beide lachen. »Nein, mal im Ernst, ich verfasse gerade ein Exposé darüber, wie unser Verstand es schafft, uns permanent davon zu überzeugen, daß wir jemand sind, der wir in Wirklichkeit nicht sind. Man könnte es den Kampf der Seele gegen eine falsche Identität nennen«, sagte ich ihm und hoffte, er würde endlich zum Frühstück gehen oder eine Dusche nehmen.

»Belletristik oder Sachbuch?« begehrte er zu wissen.

»Die Wahrheit ist noch viel seltsamer als alle Belletristik. Ich persönlich glaube nicht daran, daß jemand Literatur schreibt.«

Seine blonde, weniger gesprächige Ehefrau gesellte sich zu uns auf die Veranda, mischte sich jedoch nicht in die Unterhaltung ein.

»Handelt es sich nun um Fiktion oder nicht?« insistierte der Mann.

»Bevor ich nun anfange, die Unwahrheit zu sagen, müssen Sie mir sagen, wen ich vor mir habe und womit Sie sich beschäftigen.«

»Ich bin Robert Graves, und dies ist meine Frau, Andrea. Ich bin der Präsident von Monarch Pictures«, sagte er. Ich stand auf und sagte ihm, wer ich war. Wir gaben uns die Hand und besiegelten die Begrüßung auf Südstaatenart.

»Wenn ich mir schmeicheln wollte, würde ich sagen, daß ich schreibe, um Menschen wie Ihnen dabei zu helfen, sich selbst mehr zu vertrauen. Damit Sie eine Inventur machen und zu dem werden, was Sie eigentlich sind, anstatt zu bleiben, was Sie zu sein glauben. Klinge ich jetzt wie einer dieser elenden Wohltäter, die mit ihren gefühlsduseligen Info-Werbesendungen die Fernsehlandschaft unsicher machen?«

»Nein, Sie klingen eher wie jemand, der seine Arbeit mit Leidenschaft verrichtet. Ich weiß das sehr zu schätzen.«

Robert und Andrea kamen mir bekannt vor. Sie waren offen und sehr daran interessiert, eine echte Verbindung zwischen Menschen herzustellen. Seit Jahren versuche ich z. B. meinem Publikum zu erklären, daß es im Flugzeug keine Bücher lesen, sondern mit dem Nebenmann sprechen und Fragen stellen soll. Es ist wichtig, Zeit und Gelegenheit zu nutzen und zu maximieren.

»Ich arbeite mit Menschen, die mit ihrem Status quo nicht mehr zufrieden sind und sich entschieden haben, etwas in ihrem Leben zu verändern. Alkohol, Drogen, berufliche Sackgassen, Scheidungen, Sexprobleme, Angst, Wut und Depression zwingen den Menschen schließlich zu Veränderungen. Man könnte sagen, daß ich ohne Betäubungsmittel arbeite.«

Ich schrieb weiter auf meinem Computer, bis Andrea mich zu einem Kaffee in ihre Hütte einlud. Ich nahm die Einladung an.

Robert Graves erzählte mir, daß sein Filmstudio vor dem Sprung in die Technologie des einundzwanzigsten Jahrhunderts stand.

»Als ich Sie zum ersten Mal gesehen habe, dachte ich, daß Sie auch im Showgeschäft tätig sind«, sagte er.

»Wir sind alle im Showgeschäft«, antwortete ich, fest entschlossen, keine Zeit mit Höflichkeitsfloskeln zu verschwenden. »Finden Sie es seltsam oder ungewöhnlich, daß einige von uns die gleichen Dinge sagen, Robert? Und wessen Idee war es, mich zum Kaffee einzuladen?«

»Ich finde es durchaus nicht seltsam, daß wir uns alle an verschiedenen Orten aufhalten. Als wir uns vor einer Stunde zum ersten Mal begegnet sind, wußte ich intuitiv, daß wir uns unterhalten mußten. Ich habe Andrea gebeten, Sie zum Kaffee einzuladen. Weshalb wollen Sie das wissen?«

»Ich habe bei unserer Begegnung eben sofort gespürt, daß wir uns von irgendwoher kennen. Möglicherweise aus einem Vorleben?« Ich schwieg einen Augenblick, um die Reaktion der beiden abzuwarten. Sie zuckten nicht mit den Wimpern.

»Es gefällt uns, wie offen Sie sind«, sagte Andrea. »Wir sind von New Jersey kürzlich nach Brentwood in Los Angeles gezogen. Woher kommen Sie?«

»Ich lebe in Sedona. Waren Sie schon einmal in Sedona?« fragte ich.

»Nein, wir haben nur gehört, daß es dort wunderschön sein soll«, sagte Robert.

»Mein Buch handelt von acht spirituellen Prinzipien, die Menschen dabei helfen können, die häßliche Patina von ihrem wahren Selbst zu entfernen.«

»Vermutlich brauchen Sie eine gehörige Portion Mut, um jemanden wegen seiner Trinkgewohnheiten zu konfrontieren«, sagte Robert.

»Schlimmer ist es noch mit der Sexualität«, erwiderte ich. »Die feminine Seite eines Mannes ist auch seine kreative Seite. Die Frau im Mann gestattet es ihm zu lieben. Ein Mann weiß nicht, wie man liebt«, behauptete ich und wartete darauf, welchen Effekt meine Worte haben würden.

»Mir kommt es so vor, als hätte Albert unsere Unterhaltung der letzten Monate mitgehört«, sagte Andrea aufgeregt zu ihrem Mann.

»Andrea, wir alle sagen diese Sachen seit Jahrhunderten zu uns selbst. Männer haben absolut die Nase voll davon, ihre Gefühle hinter Machogebaren zu verstecken. Diese Identifizierung mit dem eigenen Geschlecht ist verantwortlich für Selbstmorde, Alkoholismus, Drogensucht, Scheidungen und einiges mehr«, erklärte ich leidenschaftlich.

»Sie verstehen, die Sache mit wenigen Worten auf den Punkt zu bringen«, erwiderte Robert.

»Lassen Sie uns Klartext reden. Entweder Sie werfen einen gründlichen und furchterregenden Blick auf die Dinge, die Ihnen an sich selbst nicht gefallen, und verändern sie daraufhin, oder Sie leugnen weiterhin Ihren Schatten und sterben irgendwann an Magenkrebs oder einer lausigen Lebenseinstellung.« Aus irgendeinem Grund hatte ich heute nicht vor, Worte zu verschwenden.

»Mein Gott, Albert, wir haben uns lediglich danach erkundigt, was Sie schreiben«, lachte Robert, und ich stimmte in das Lachen ein. Ich bin der Ansicht, daß die Fähigkeit, über sich selbst lachen zu können, auf dem Weg zu mentaler Gesundheit eine essentielle Voraussetzung darstellt.

Wir trennten uns für den Nachmittag, und ich setzte mich wieder auf meine Veranda an den Computer. Ein kühler Wind wehte, doch die Sonne schien, und der Himmel war klar und blau.

Während meine Finger über die Tastatur rasten, kam ein kleiner Junge mit blonden Haaren und riesengroßen braunen Augen auf meine Veranda gestolpert. Er trug einen blauen Anzug mit der Aufschrift: *Ich heiße Jordan. Wer mich findet, soll mich in den Arm nehmen und mich liebhaben.*

Er kam direkt auf den Tisch zu, an dem ich saß, und krabbelte mir auf den Schoß. Ich nahm Jordan in den Arm, während er wahllos die Tasten auf meinem Computer drückte und dabei ausgelassen und wild lachte. Er gab mir einen Kuß, sprang von meinem Schoß und rannte in Richtung seiner Mutter, die nach ihm rief.

Bis zu der Berührung durch das Kind hatte ich einen starken

Schmerz über meine innere Separation und Enttäuschung wegen der vielen Versprechungen gespürt, die mir das Leben schuldig geblieben war. Nichts auf der Welt hätte mich mehr mit Freude erfüllen können als die Berührung dieses Kleinkindes, das ausgerechnet in diesem Augenblick zu mir gekommen war.

Alles war Liebe.

Man mußte das Krank- und Müdesein satt haben, um an sein wahres Selbst zu gelangen.

Liebe ist wie ein Lied, das den menschlichen Geist beflügelt. Liebe ist die Hand der Hoffnung. Die erste Knospe. Regenbögen. Ein Gemälde. Die Geburt eines Kindes. All diese Dinge sind Liebe. Wir können uns nicht einen Blumenstrauß wünschen und dann darauf warten, daß er einfach erscheint. Eine Blume beginnt mit dem Pflanzen des Samens, dazu kommen Sonnenschein und Regen, bevor sich die ersten Sprößlinge und Blüten zeigen. Ein Lied bedarf eines Komponisten, der das Lied zunächst in seinem Kopf hört. Für sich allein, schreibt er den Klang nieder. Musik kann nicht nur aus dem Grund entstehen, daß die große Stille des Universums eines Klanges bedarf. Irgend jemand muß sich die Mühe machen, sie auch zu komponieren.

Die Menschen sind Engel des Lichtes; das waren sie immer, und das werden sie immer sein. Es liegt an Ihnen selbst, die Entscheidung zur Rückkehr zu Gott zu treffen und den anderen Dingen zu entsagen.

Alles, was ist, ist Liebe.

Eine einzige harmonische Stimme ist imstande, den Lauf der Welt zu verändern. Sie selbst können die Welt verändern, wenn Sie Ihre Stimme von jenem reinen und klaren Ort her erklingen lassen, der Gott vorbehalten ist.

Ich schaltete meinen Computer ab und begab mich auf eine längere Wanderung in die höhergelegenen, bewaldeten Regionen in der Umgebung der Ranch. In der vorweihnachtlichen Einsamkeit begegnete ich wilden Tieren und atmete den Duft der frischen, kühlen Luft und der mich umgebenden Pflanzen ein. Schließlich legte ich mich auf eine Wiese und streckte die Arme aus. Mit einem Mal wurde ich vollkommen ruhig und bat darum, so lange einfach nur sein zu dürfen, wie meine Seele es brauchte.

Mir war in den letzten Stunden klargeworden, daß es tatsächlich zwei Welten gab – die Welt der Illusionen und die Welt der Realität. Die eine war angsterfüllt und voll der unechten Kreationen eines separierten Selbst, das vom menschlichen Ego dominiert wurde. Die andere versprach alles, was es gab. Liebe.

Durch das begrenzte Verständnis meiner Eltern und meiner Lehrer, die ihrerseits Produkte eines limitierten Verständnisses waren, wurde mir von Kindheit an ebenfalls ein limitiertes Verständnis der Dinge und ihrer Zusammenhänge antrainiert. Ich wußte nun, daß Engel auf mich warteten und darauf, daß ich meine Bereitschaft zeigen würde, von der Welt der Illusionen loszulassen und jene Lichtwelt zu umarmen, die Gott ursprünglich geschaffen hatte. Ein Bewußtsein über die Existenz der wahren Welt zu haben reicht allein nicht aus, um in Übereinstimmung mit dem göttlichen Prinzip handeln zu können. Zuerst mußte ich mir darüber klarwerden, welche Regeln ich zu befolgen hatte, um überhaupt zu Gott zurückkehren zu können, sowie falsche Doktrinen, Moral und Gewohnheiten aus der Welt des Egos ablegen.

In Gottes Augen sind wir alle gleich. Doch wenn es um unsere Rückkehr in den Himmel geht, befinden wir uns auf unterschiedlichen Stufen. Geburt, Tod und Wiedergeburt geben uns Gelegenheit, unsere Seelen zu verfeinern, indem wir den Schmerz empfinden, den wir anderen Menschen durch unsere Handlungen in der Vergangenheit zugefügt haben. Jedes Wort, jede Tat, jede Erledigung und jede Unterlassung dient entweder der Schaffung neuen Karmas oder der Beseitigung von altem Karma.

Was immer wir auch getan haben, das Licht Gottes und unsere wahre Identität liegen in uns begraben. Es ist niemals zu spät, um etwas zu bereuen, Unrecht zuzugeben und sich nach innen dem Licht zuzuwenden und Gott aufzusuchen. Niemals wird unsere Dunkelheit imstande sein, unser Licht auszulöschen.

Autorität, Ansehen, Belohnung und Beförderungen stellen allesamt vom Ego kreierte Perversionen des Verstandes dar, die dazu dienen sollen, den gefallenen Engel in einem Netz aus Wettbewerb und Krieg gefangenzuhalten. Sich daran zu erinnern, daß Gott Liebe ist und es außer Liebe nichts auf der Welt gibt, sorgt für eine Veränderung der Seele, nach der der Mensch erwacht und versteht, daß er sehr wohl seines Bruders Hüter ist. Genau wie ein Schäfer nach verlorenen Schafen Ausschau hält, müssen wir darauf achtgeben, daß unser Bruder es ebenfalls ins Licht schafft.

Der Sexus birgt die trennenden Eigenschaften der schwärzesten Teile des menschlichen Schattens. Wir waren niemals dazu bestimmt, in Männer und Frauen unterteilt zu werden. Gottes Plan bestand in einer Androgynität des Bewußtseins. Die Trennung der Geschlechter war eine Verzerrung von Luzifer und seinen rebellischen Anhängern. So wie Gott, Ego und ich eins sind, sind auch Mann und Frau gleich.

Das schmerzhafte Bewußtsein über den Verlust unserer Vollkommenheit läßt uns die eigenen Fehler und Ängste auf andere projizieren. Mann gegen Mann, Frau gegen Frau, und Mann getrennt von Frau.

Es ist wie eine leicht abgeänderte Fassung eines Filmklassikers, der immer das gleiche Ende hat. Genauso folgen wir den immer gleichen Handlungsmustern und erwarten dabei andere Resultate. Weder Homosexualität noch Heterosexualität entsprechen dem göttlichen Entwurf. Der Meisterplan bestand für alle Kinder Gottes darin, in Frieden, Harmonie und Einheit mit Wahrheit, Liebe und Schönheit zu leben.

Wir alle sind Kinder Gottes. Unser natürlicher, ursprünglicher Zustand ist Bruder- und Schwesternschaft. Jedesmal, wenn ein Mann sich in transzendentaler Liebe einer Frau nähert oder ein Mann einen anderen liebt, oder eine Frau eine andere Frau, weil es sich bei ihnen um Bruder/Bruder und

Schwester/Schwester handelt, signalisieren die weißen Fahnen der Kapitulation das Ende des inneren Krieges.

Lassen Sie los von allem und jedem, außer von der glorreichen Obsession, nach Hause gelangen zu wollen, bevor die Dunkelheit noch schwärzer wird und das Ego sich noch schrecklicher gebärden kann. Der Krieg tobt, und niemand gewinnt. Der Tod kommt, und wir treten ab. Ein Naturgesetz gebietet, daß wir zurückkehren und die Irrtümer unseres Denkens und Handelns begreifen und einsehen. Immer wieder werden wir geboren und fangen an, die Stufen der himmlischen Hierarchie aufs neue zu erklimmen.

Um genügend Klärung zu erlangen und wissen zu können, daß es einen besseren Pfad und einen schöneren Ort gibt als den, von dem wir kommen, müssen wir erkennen, daß wir nie gewußt haben, wer wir wirklich sind und was wir wirklich wollen.

Zu diesem ganzen Durcheinander fügte ein scherzhafter Gott noch Geld hinzu, um zu sehen, wie weit die Schmuddelkinder sich verbiegen würden, um eine Mark zu verdienen oder zu behalten. Sie brauchen nur fernzusehen oder die Zeitungen aufzuschlagen, um zu sehen, wie viele Menschen bereit sind, für ein paar Pfennige zu töten oder für das große Geld ihre Freiheit aufzugeben. Hinter dem ganzen Streben nach Geld, Besitz und Prestige steht ein niedriges Selbstwertgefühl. Und in ihrem Geheimversteck hinter der Seele wissen die Schmerbäuche genau, daß sie die schwarzen Hunde ihres Egos füttern.

Biblische Mythen, Legenden, Fabeln und Meisterlehren führen uns vor Augen, daß Bescheidenheit zu jedem Zeitpunkt im Leben dienlich ist. Wir werden Jakobs Leiter erklimmen, und wir werden für unsere Rückkehr in den Himmel arbeiten. Tragen Sie die Rolle, die Sie gerade spielen, wie ein loses Kleidungsstück, dann werden Sie es nicht schwierig finden, sich im nächsten Leben selbst richtig zu besetzen.

Gebet und Meditation sowie eine gründliche und ehrliche Inventur unseres bisherigen Lebens können uns bei der Beschleunigung unserer Rückkehr behilflich sein. Das Loslassen von Vorurteilen, Kritik, Schuldzuweisungen, Gier, Selbstbezogenheit und anderen Perversionen des kritischen Verstandes hilft ebenfalls. Danach sind wir in der Lage, Veränderungen vorzunehmen, die nur von Engeln geleistet werden können.

Feine Regentropfen schlugen mir ins Gesicht. Immer noch lag ich auf der Wiese. Die Sonne brach durch die Wolken, und am Himmel erschien ein dreifacher Regenbogen. Junge Hasen kamen herbei und knabberten an den Karotten, die ich in meiner Hemdtasche mitgeführt hatte.

»Halten sie mich für den heiligen Franz oder eine Vogelscheuche?« fragte ich mich schweigend.

Dann begann Paul zu mir zu sprechen.

Du bist in deiner eigenen Klärung jetzt fortgeschritten genug, um anderen Menschen bei ihrer Rückkehr zu Gott behilflich sein zu können. Bald wirst du deine Arbeit mit jemandem beginnen, an den du ganz bestimmt nicht gedacht hast. Ich werde dich dabei anleiten und dir helfen, die Pilger heim ins Licht zu führen. Mach dir keine Sorgen.

Ich erinnerte mich daran, was Swami mir im Februar 1988 gesagt hatte: »Ramapriya, Gott wird dich führen. Wenn er bereit ist, dein Leben zu ändern, wird dein Pfad eine Wendung machen, und du wirst ihm folgen. Dein Leben geht dich nichts an. Während wir uns hier unterhalten, bereitet Gott deinen Weg vor.«

Ich schlief ein und wurde durch den Schein des Mondes und das Heulen der Eulen wieder geweckt. Meine Kleidung war trocken, meine Karotten waren aufgeknabbert, und ich fühlte mich so ausgeruht und geistig erfrischt wie noch nie in meinem Leben. Ich lief die grünen Hügel hinab und erreichte den Weg, der zu meiner Kabine führte. Das grelle Läuten des Telefons unterbrach die natürlichen Geräusche der Nacht.

»Albert, hier ist Tom. Habe ich dich geweckt?«

Tom hatte zwei Wochen frei und wollte mich in Sedona besuchen.

»Ich möchte mit dir einige der Schwierigkeiten aufarbeiten, die ich in der letzten Zeit gehabt habe. Du weißt schon, die Dinge, über die wir in Sedona und hier in Frankreich gesprochen haben«, sagte er.

»Wenn du glaubst, einen Gaulden-Sedona-Intensivkurs überleben zu können, dann komm vorbei. Aber ich warne dich, möglicherweise wird dir nicht gefallen, was hier vor sich geht«, fügte ich hinzu.

Tom erklärte, daß er das Risiko auf sich nehmen würde. Ein Gaulden-Intensiv-Kurs schien ihm nicht furchterregender als seine Eliteausbildung bei den Marines. Ich erklärte ihm, daß er bei meiner Nachbarin, Diane Ladd, wohnen könne. Die Schauspielerin, die für ihre Rollen in »Alice lebt hier nicht mehr«, »Wild at Heart« und »Rambling Rose« für den Oscar nominiert worden war, vermietete ihr Haus an meine engen Freunde und Klienten.

Für mich würde der Sedona-fünf-Tage-Kurs eine neue Herausforderung bedeuten. Mit einer Seele zu arbeiten, die ich bereits über zweihundert Leben gekannt hatte, würde mir neue Einsichten in mein eigenes Leben gewähren und mir möglicherweise enthüllen, weshalb Tom wieder in mein Dasein getreten war.

Ich saß in meiner Kabine am Schreibtisch und fertigte einen Rohentwurf für meinen Kurs an. Dabei überlegte ich mir, welche anderen Therapeuten ich dafür zu Hilfe nehmen sollte. Ich hatte vor, einen Tag unter der Führung eines Indianers durch die energiereichen Vortexe in Sedona zu wandern und nach den privaten Therapie-Sitzungen Massagen und die Dienste eines Chiropraktikers anzubieten. Mit einem Mal schien alles an seinen Platz zu fallen.

Ich stellte den Plan fertig und ertappte mich dabei, wie ich wiederholt die Worte *Bruder Tom* auf das Papier kritzelte.

»Ich bin gespannt, was Tom und ich gemeinsam auf die

Beine stellen werden, um unsere Leben zu verändern. Ich bin mir sicher, daß auch ich einige Entdeckungen machen werde«, dachte ich.

Ich begab mich zu Bett, setzte meine Kopfhörer auf und hörte mir *Edges of the Soul* an. Während ich einschlief, rezitierte ich aus den »Korinthern« den Abschnitt über Liebe:

Selbst wenn ich die Sprache der Menschen und der Engel sprechen sollte und keine Liebe in mir finde, so klinge ich so seelenlos wie eine eiserne Trommel und ein blechernes Becken.

Selbst wenn ich die Fähigkeit besitze, in die Zukunft zu schauen und alle Mysterien und alles Wissen zu verstehen, und obwohl ich allen Glauben habe, der Berge versetzen kann, bin ich doch nichts ohne Liebe.

Auch wenn ich alle meine Güter versetze, um die Armen zu speisen, und meine sterbliche Hülle verbrennen lasse, so wird es mir ohne Liebe nicht das mindeste nützen.

Liebe überdauert alles Leiden; sie beneidet nicht und rühmt sich nicht und bläst sich nicht vor anderen auf.

Sie beträgt sich nicht ungebührlich und sucht nicht ihren eigenen Vorteil, sie ist nicht einfach zu provozieren und denkt nichts Böses.

Erfreut euch deshalb nicht an eurer Neugierde, sondern erfreut euch an der Wahrheit;

Ertraget alles, was euch zustößt; glaubt alle Dinge, hofft alle Dinge.

Denn Liebe versagt nicht, doch wo Prophezeiungen gemacht werden, wird sie versagen; wo unrein gesprochen wird, wird sie versiegen, wo Wissen angehäuft wird, wird sie verschwinden.

Denn einen Teil wissen wir, und einen Teil nur prophezeien wir.

Doch wenn das, was vollkommen ist, kommt, dann müssen wir uns von den Teilen trennen.

Als ich Kind war, habe ich wie ein Kind gesprochen, wie ein Kind gedacht und verstanden: doch als ich zum Mann wurde, habe ich mich von den kindischen Dingen getrennt.

Jetzt blicken wir noch durch ein dunkles Glas, doch dann von Angesicht zu Angesicht; jetzt noch sehe ich bloß einen Teil des Ganzen, doch dann werde ich alles sehen, so wie auch ich selbst gesehen werde.

Und nun gebt euch dem Glauben, der Hoffnung und der Liebe hin; das Größte ist von allem jedoch die Liebe.

Kapitel 11

WIEDERAUFERSTEHUNG

OM! Diese Silbe ist die ganze Welt. Sie lautet: die Vergangenheit, die Gegenwart, die Zukunft – alles ist nur das eine Wort OM. — UPANISHADEN

Ich entspannte mich noch einen weiteren Tag auf der San-Ysidro-Ranch. Aus Los Angeles und New York kamen Freunde zum Abendessen und zu einem Treffen der Anonymen Alkoholiker. Gloria und ihre Tochter trafen am Nachmittag ein und überbrachten Grüße von Bob, Glorias Ehemann. Wir kannten uns seit mehr als siebzehn Jahren, die wir gemeinsam in Abstinenz verbracht haben, und Gloria war die erste Rednerin, die ich mit klarem Bewußtsein gehört und gesehen habe. Nie werde ich die Nacht vergessen, in der wir uns kennenlernten. Sie sagte: »Mein Name ist Gloria, und ich bin Alkoholikerin. Heute nacht fühle ich mich innerlich rein, weil ich endlich meine Scham und meine Geheimnisse losgeworden bin, die ich während meiner jahrelangen Alkoholsucht und Herumtreiberei mit Gleichgesinnten angesammelt hatte. Wenn irgend jemand der hier Anwesenden meint, daß er mit weniger davonkommt, kann ich nur sagen, daß ich persönlich keinen einfacheren Weg gefunden habe.«

Das war im Februar 1980. Heute sind Gloria und Bob seit mehr als fünfundzwanzig Jahren nüchtern und tragen ihre Botschaft in AA-Treffen und Tagungen auf der ganzen Welt vor.

Glorias Glauben und ihr Gottvertrauen waren einer schweren Prüfung unterzogen worden, als ihr ältester Sohn Bobby, der seit acht Jahren nüchtern war und ein Leben auf der Straße, Heroinsucht und Prostitution überlebt hatte, 1990 an den Folgen von Aids starb. Sein Tod war keinesfalls ein friedlicher Übergang in die andere Welt gewesen, sondern ein schmerzvolles und schreckliches Sterben, das einige Wochen gedauert hatte.

Kurz vor Bobbys Tod hatte Gloria der Astrologie abgeschworen, meine Arbeit für Humbug erklärt und mich deswegen bei einem gemeinsamen Aufenthalt in Palm Springs zur Rede gestellt. Meine sensible Fische-Mentalität hatte verschüchtert die Flossen eingezogen und war traurig in Sedona auf Tauchstation gegangen.

Einige Tage nach Bobbys Beerdigung waren Gloria und Bob nach Sedona gekommen, um über alles zu reden. Durch ihren Schmerz und ihre Trauer kamen wir uns näher und verstärkten unsere Bindung durch ein Gespräch, das die ganze Nacht andauerte und bei dem wir schließlich zu dem Schluß gelangten, daß Bobby ein Engel war, der die Rückkehr in den Himmel angetreten hatte.

Nach dem Abendessen fuhren wir die Serpentinen der East Valley Road in Montecito in Richtung des Sarada-Konvents entlang, bis wir unseren ersten Stopp bei dem von den Nonnen geführten Buchladen einlegten. Dort erstand ich eine Kopie von Eknath Easwarans *Das Ende des Leides*, einem Kommentar zu der indischen Bhagawadgita, und schenkte es Gloria.

»Um sicherzugehen, daß du deinen Abschied von Bobby vollständig verarbeitet hast, solltest du dieses Buch lesen. Danach wirst du dich genauso gut fühlen wie an dem Tag, als du aufgehört hast zu trinken«, sagte ich, während ich sie in den Arm nahm und ihr einen Kuß gab.

»Chris Kelly hat beim Abendessen erwähnt, daß er dasselbe Buch liest. Wovon handelt es, Albert?« wollte Gloria wissen.

»Davon, daß der Krieg immer ein innerer Krieg ist. Wenn du es in aller Offenheit oder direkt nach deiner Meditation liest, wirst du sehen, daß auch Engel, die für die gute Sache kämpften, manchmal verloren haben. Lies es einfach, Gloria. Ich habe das Gefühl, daß dir etwas gänzlich Neues bevorsteht.«

Danach gingen wir die paar Schritte zum Tempel hinunter, zogen unsere Schuhe aus und setzten uns vor dem Schrein nieder. Jeder für sich und mit geschlossenen Augen begannen wir unsere Meditation.

Nach etwa einer halben Stunde verließen Gloria und ich gemeinsam den Raum und unternahmen einen kurzen Spaziergang durch den oleanderbewachsenen Park. Auf einem abgelegenen Pfad setzten wir uns nieder und blickten hinaus aufs Meer.

»Ich fühle mich innen völlig klar. Erinnerst du dich daran, wie klar ich mich fühlte, als ich dich das erste Mal habe sprechen hören? Endlich hilft Gott mir dabei, meine eigenen Fesseln und die anderer abzulegen. Ich lerne, mit neuen Augen zu sehen«, sagte ich ruhig.

»Ich habe mich nie in meinem Leben friedvoller gefühlt. Der Tempel hat eine Ausstrahlung wie kein anderer Ort auf dieser Welt. Kann es sein, daß ich eine himmlische Präsenz gespürt habe? Leben hier im Konvent Engel?« fragte Gloria.

»Engel leben überall. Du und ich, wir sind beide nicht die Menschen, für die wir uns gehalten haben. Wir sind Engel. Der Grund dafür, daß du dies bisher nicht sehen konntest, besteht darin, daß du jemand sein wolltest, der du nicht bist, und dabei irgendwo auf dem Weg deinen Engel verloren hast. Das gleiche gilt für mich und jeden anderen Menschen.«

»Bobby ist ein Engel, das weiß ich einfach. Es waren Engel, die ihre Schwingen um meinen Sohn gelegt und ihn ins Paradies geführt haben.«

Glorias Stimme brach unter den Gefühlen, die jetzt in ihr aufstiegen. Leidenschaft und zurückgehaltener Schmerz brachen sich nun Bahn und befreiten sie aus ihrer Umklammerung.

»Der Flug von Engeln deutet auf eine große Feier zur Rückkehr eines gefallenen Engels in den Himmel hin. Das behaupten zumindest die Sufis«, sagte ich.

»Komm hierher, unter den Baum. Laß uns gemeinsam meditieren. Ich werde etwas mit dir tun, was ich noch nie getan habe. Wir werden versuchen, Paul dazu zu bewegen, durch mich hindurch zu dir über Bobby zu sprechen«, sagte ich zu Gloria, während wir unter einer großen Eiche Platz nahmen.

Innerhalb weniger Minuten hatten wir beide einen Zustand tiefer Ruhe und Entspannung erreicht, und Paul begann mit gesetzter Stimme durch mein Bewußtsein zu sprechen:

Als du heute hierhergekommen bist, Gloria, hast du nach einem Zeichen gesucht.

Mit geschlossenen Augen und ruhiger Stimme fragte sie: »Ein Zeichen wofür?«

Ein Zeichen dafür, daß Bobby lebt.

Die Grillen begann mit ihrem Abendkonzert. Aus der Ferne erklangen Nebelhörner, und in diesem Moment verschmolzen unsere Seelen und der telepathische Strom irgendwo zwischen dem Himmel und dem Gipfel, auf dem wir uns befanden.

Seit Bobbys Tod sind viele Bücher und Tonbänder über Engel erschienen; dies ist einer der Gründe, weshalb du nun glaubst, daß Bobby ein Engel ist. Wie Albert dir heute gesagt hat, sind alle Menschen Engel, die vergessen haben, wer sie in Wirklichkeit sind.

Wenn du Gedanken hast, die Liebe verströmen, befinden sich Engel in deinem Feld. Wenn du alle Blöcke und Barrieren zwischen dir und deiner wahren Identität klärst, aktivierst du himmlische Erinnerung und ziehst entsprechende Energie von anderen Lebewesen und aus dem Paradies auf dich.

Bewege dich in diesem Licht. Werde im Inneren, wo Gott wohnt, eins mit dir. Trete die Rückreise niemals ohne einen Bruder an. Du mußt wissen, daß alles Liebe ist, dann wirst du keine Schwierigkeiten haben, dich mit dem Engel zu identifizieren, der du bist.

Engel, die sich damit beschäftigen, die ursprüngliche Nachkommenschaft zu erkennen und wiederherzustellen, sind auf der Erde geblieben, um hier die himmlische Hierarchie wieder zu etablieren. Wenn die Seelen der himmlischen Sphären weiterhin an Zahl gewinnen, kann es auf der Erde sein wie im Himmel.

Wenn ein Pilger durch seinen Tod zurückkehrt, geht er durch eine Zeit der Neuadjustierung. Unfälle gibt es nicht. Jede Minute des menschlichen Lebens ist vorbestimmt.

Seelen, die zurückkehren, müssen eine Art Besserungsanstalt durchlaufen und erfahren dabei eine Entgiftung ihrer Schwingungen. So wie der Mensch mit einem Bruder oder einer Schwester zurückkehren muß, dienen euch auch Engel im Geiste, die euch in dieser Dimension behilflich sind. Stirbt jemand und kehrt in den Himmel zurück, so kann er während seiner Quarantäne nicht mit Menschen auf der Erde kommunizieren.

Irgendwelche Fragen?

Gloria wollte immer noch wissen, ob Bobbys Seele lebte und ob er glücklich war.

Heute im Sarada-Buchladen hat Albert dir als Zeichen einen Engel geschenkt.

Es folgte tiefe und friedliche Stille. Durch meine geschlossenen Augenlider sah ich, wie die Sonne unterging und das Licht schwächer wurde. Gloria schluckte und begann zu hyperventilieren. Ihre eigene Intuition gestattete es ihr nicht, ihre überschwengliche Freude zu verbergen.

Gloria, jemand möchte mit dir sprechen.

Es folgte ein Augenblick der Stille und Leere. Ein Rotkehlchen sang, und die Glocken des Tempels läuteten zur Vesper.

»Ich liebe dich, Mutti«, sagte eine sanfte, weit entfernte Stimme.

»Ich liebe dich, Bobby.«

BUCH II

Klärung in Sedona: Der Intensivkurs

EINLEITUNG

Sedona liegt etwa hundertfünfzig Kilometer nördlich von Phoenix in Arizona, direkt an der Interstate 17, in einer Landschaft, die als »Red Rock Country«, als »Land der roten Felsen«, bekannt ist.

Die Stadt liegt eingebettet in ein Tal aus Sandsteinformationen, die eine rötlichbraune Färbung haben. Wer genau hinschaut, wird Hunderte von Figuren entdecken, die in die Felsen hineingeätzt sind und über die kleine Ortschaft zu wachen scheinen.

Bei Sonnenuntergang verändert sich die Farbe der Felsen und schimmert in den verschiedensten Rot- und Brauntönen. Benannt nach der Tochter eines frühen Pioniers, hat Sedona mehr als zehn sogenannte Vortexe – besondere Energiefelder – aufzuweisen. Die Energie eines Vortexes kann entweder elektrischer, magnetischer oder elektromagnetischer Natur sein – maskulin, feminin oder androgyn – und hat eine Schwingung, der starke Heilkräfte zugeschrieben werden.

Wenn der müde Wanderer vor Ort meditiert oder einen der energetisierten Felsen erklimmt, verspürt er schnell die Anwesenheit eines Zaubers. Viele Menschen behaupten, hier körperlich und seelisch geheilt worden zu sein, und vielen hat die Landschaft bei der Klärung emotionaler Verzweiflung geholfen.

Die atemberaubende und mysteriöse Schönheit Sedonas hat ihr den Spitznamen »Das Ägypten Amerikas« und »Brücke über die Ewigkeit« eingebracht. Die Einwohner wissen, wie verzaubernd die hypnotische Anziehungskraft Sedonas sein kann. Besucher, deren innere Harmonie und Ausstrahlung nicht stimmig ist, werden sich von der Stadt ebenso schnell wieder abgestoßen fühlen, wie sie sich ursprünglich haben anziehen lassen.

Meine Klienten kommen vor allem hierher, um ihre Seelen zu restaurieren und Schrott aus ihrer Vergangenheit zu klären, der sie daran hindert, zu den Menschen zu werden, als die Gott sie erschaffen hat. Jeder Mensch wird Sedona anders und auf seine eigene, unverwechselbare Art erfahren. Doch gibt jeder, der bisher hier war, zu, daß er oder sie ursprünglich als verlorene Kinder im Todesgriff des Egos hier eintrafen und Sedona als fröhliche, glückliche und freie, kostbare Kinder Gottes wieder verließen.

Kapitel 1

NEUBEGINN

Vertraue auf Gott und kehre dein Haus.
— DAS GROSSE BUCH DER ANONYMEN ALKOHOLIKER

»Wie soll ich mit dem sexuellen Mißbrauch durch meinen eigenen Vater fertig werden?« fragte Alicia und schaute mich mit ihren großen braunen Augen an, die um Hilfe für das zehnjährige Kind baten, das sie einmal gewesen war und nun aus einem Rattenloch voller Schande und Scham zu retten versuchte. Maralee, eine weise alte Zauberin aus Santa Fe, hatte uns miteinander in Verbindung gebracht. Es gehörte zu Maralees Spezialitäten, Kontakte zwischen Lehrern und Schülern herzustellen.

Alicia hatte mich angerufen und eine erste Sitzung mit mir gebucht. Der Fünf-Tage-Kurs sollte zwei Wochen später folgen. Ich nehme meine Klienten ausschließlich auf Empfehlung an und habe noch nie Werbung für meine Arbeit gemacht; lediglich eine kleine Broschüre in den Farben der Landschaft um Sedona und Mundpropaganda verweisen auf den Sedona-

Intensivkurs, der 1989, kurz nach meiner eigenen Klärung durch den Gebrauch der acht spirituellen Prinzipien, zum ersten Mal stattfand.

In meinen Kursen schaut der Klient sich an, welche Dinge seiner vollständigen Klärung und einem glücklichen Leben im Wege stehen. Dabei ist es immer wieder erstaunlich, was Mitgefühl und Verständnis einem leidenden Menschen gegenüber zu bewerkstelligen imstande sind. Ich habe es mir zum Prinzip gemacht, meine Klienten alles sagen zu lassen, egal wie krankhaft oder abstoßend es auf den ersten Blick erscheinen mochte. Der Sedona-Intensivkurs beruht darauf, ein für alle Mal herauszufinden, wer wem etwas angetan hat, egal wieviel Schmerz der Klient dabei aushalten muß. Eine vollständige Klärung verlangt die Freilegung der Wurzeln, die zur Verdrängung der Familiengeheimnisse und der darin enthaltenen Gifte führen. »Nichts hören, nichts sehen, nichts sagen«, das sind die gleichen drei Affen, die uns alle im Bann eines krankhaften Schweigeabkommens gefangenhalten.

Das Ego ist der Feind.

In Alicias Fall begann die Geschichte mit einer Abhängigkeit von Sex, und gleich am ersten Tag erzählte sie mir ihre Familiengeschichte. Sie gab mir die Geburtsdaten ihrer Eltern und Geschwister, damit ich die astronomische Dynamik der Familie bestimmen konnte. Ich frage danach, welcher Elternteil als dominant empfunden wurde. Wer von beiden war liebevoller und zuneigungsfähiger? Sind Mutter- und Vaterrolle vertauscht worden? Der Klient spricht über Alkoholismus, Drogensüchte oder andere Abhängigkeiten, wie Spielen, Essen, Verschwendung, Sex usw. Gibt es Co-Abhängigkeiten oder emotionale Verwicklungen, die bereits bekannt sind? Der Klient bewertet seine Kindheit auf einer Skala von eins bis zehn. Handelte es sich bei ihm oder ihr um eine Führungspersönlichkeit; waren sie aggressiv, passiv-aggressive oder lediglich passive Kinder gewesen?

Danach folgt eine Inventur des Sexuallebens: Was war die erste Erinnerung an Sex, und in welchem Alter hat das Ereignis stattgefunden? Haben Sie Ihre Eltern jemals beim Sex überrascht? Gab es in der Schule oder daheim sexuelle Aufklärung? Beschreiben Sie Ihr erstes sexuelles Erlebnis. Handelte es sich dabei um eine angenehme Erfahrung? Wenn nicht, warum nicht? Gab es homosexuelle Erfahrungen? Wenn ja, bitte näher beschreiben. Gab es unerwünschte sexuelle Handlungen, Berührungen oder sexuellen Verkehr mit einem Erwachsenen? Mutter? Vater?

Im Verlauf jahrelanger therapeutischer Behandlung war Alicia durch Rückblenden und Alpträume zu der Erkenntnis gelangt, daß ihr Vater sie nicht nur mißbraucht, sondern auch seinen »guten alten« Freunden sexuellen Zugang zu seiner Tochter verschafft hatte. Ihr bei ihrer schmerzhaften und teilweise gräßlichen Inventur zuzuhören, brach mir beinahe das Herz. Obwohl sie ihren Vater verklagt hatte und ein außergerichtlicher Vergleich zustande gekommen war, bei dem ihr Vater eine größere Summe an sie zahlen mußte, hatte sie jedoch niemals eine emotional befriedigende Klärung ihrer Problematik erreicht.

An dieser Stelle kamen ich und der Sedona-Intensivkurs ins Spiel.

Nachdem ich alles gehört hatte, was es zu hören gab, und alle schamvollen Löcher und Geheimverstecke in Alicias Horrortheater ausgeleuchtet hatte, um sicherzugehen, daß wir nichts übersehen hatten, machten wir uns gemeinsam daran, das Geschehene einzuordnen. Dabei habe ich es mir zur Angewohnheit gemacht, den Klienten so lange oder so kurz sprechen zu lassen, wie es ihm gefällt. Ihn zu unterbrechen oder einzugreifen würde die Spontanität und den Dialog mit dem inneren Schmerz/Scham-Kind bremsen.

Der Erwachsene wird immer das Ego zur Hilfe nehmen, um den der Wahrnehmungsfähigkeit des eigenen Selbst zugefügten Schaden zu schmälern. Deshalb sollte das innere Kind angesprochen werden, um die Wahrheit sowie den Ursprung des Schmerzes ausfindig zu machen. Eltern werden alles tun, um zu mauern und die Wahrheit zu vertuschen. Deshalb ist es wichtig, die Liebe Gottes einzusetzen und ehrlich mit dem Kind im Erwachsenen umzugehen. Das Kind reagiert positiv auf ihm entgegengebrachtes Vertrauen und findet sich dadurch bereit, seine schamvolle Vergangenheit einem anderen mitzuteilen.

»Was hast du durch diese Inventur deiner Familiengeschichte gelernt, Alicia?« fragte ich.

»Daß meine Mutter wahrscheinlich von meinem sexuellen Mißbrauch wußte und nichts dagegen unternommen hat«, antwortete sie.

»Und weshalb hat sie deiner Meinung nach nichts unternommen? War sie eine schlechte Mutter, vielleicht sogar eine böse?« fragte ich.

»Sie wußte nicht, wie sie reagieren sollte. Ihr eigenes inneres Kind, das nie über seine Ängste sprechen durfte, fürchtete sich vor meinem Vater«, flüsterte sie und wischte sich mit zitternden Händen die Tränen aus dem Gesicht.

»Wir können also davon ausgehen, daß deine Mutter dir nicht geben konnte, was sie selbst nicht hatte: die emotionale und psychologische Stabilität, deinen Vater zu konfrontieren?« fragte ich.

»Ja.«

»Wie steht es mit deinem Vater? Wenn deine Mutter nicht in der Lage war, ihr verängstigtes Kind zu befreien, könnte es sich bei deinem Vater dann ebenfalls um ein mißbrauchtes und verletztes Kind gehandelt haben, das letztlich aus Scham handelte?«

Während ich ihr zuhörte, dachte ich an andere Klienten, die mit sexuellen Problemen zu mir gekommen waren. Daniel Dees aus einer kleiner Stadt in Arkansas war ein gutaussehender, erfolgreicher Rechtsanwalt. Athletisch und mit charismatischer Ausstrahlung, war es ihm ein leichtes, eine Jury für sich zu gewinnen; er verlangte und erhielt riesige Honorare und ging mit den schönsten Frauen aus. Ein Mann, der alles hatte, inklusive einem zwanghaften Verlangen, sich vor Schulkindern nackt zu zeigen und dabei zu masturbieren. Seine Verhaftung durch die Polizei brachte Daniel schließlich zu mir nach Sedona.

Diagnose: extrem niedriges Selbstwertgefühl, ungelöste sexuelle Bindungen, gekoppelt mit einer dominanten Mutter, die niemals eine liebevolle und fürsorgliche Beziehung zu ihrem Sohn aufgebaut hatte. Daniel klärte seine Vergangenheit, indem er sich seine sexuellen Geheimnisse anschaute und sich und andere als Menschen zu begreifen lernte, die das Beste aus dem zu machen versuchten, was sie besaßen. Er hörte auf, dem Stereotyp des amerikanischen Mannes zu entsprechen, der alle Antworten besaß, ohne je Fragen gestellt zu haben, und Scham, Schmutz und Schuld darunter versteckte. Seine Behandlung bestand in regelmäßigen Gruppentreffen, die Daniel über drei Jahre lang daran hinderten, seinem Trieb nachzugeben. Er gab schließlich zu, daß er seiner Sucht hilflos gegenüberstand und daß sein Leben nicht mehr funktionierte. Um für den Rest seines Lebens nicht mehr rückfällig zu werden, mußte er regelmäßig Selbsthilfegruppen besuchen, ein Tagebuch führen und zu Gott beten, damit dieser ihm beim Verständnis der eigenen Natur behilflich war.

Auch Alicia war schließlich imstande zu verstehen, daß es ihrem eigenen Vater unmöglich war, ihr, ihrer Schwester und ihrer Mutter wahre Nähe und Intimität zu zeigen, da er als Kind selbst keine Zuwendung und Liebe erhalten hatte. Allmählich begann sie, ihn zu verstehen und Mitgefühl für seinen Lebenskampf zu zeigen.

Dabei verleugnete sie niemals die Brutalität, die ihr Vater ihr gegenüber an den Tag gelegt hatte. Wichtig war jedoch vor allem, daß sie sich selbst und ihm vergeben konnte, weil sie begriff, daß in ihrer Beziehung Elemente aus Vorleben eine Rolle spielten, die sich einem akuten psychologischen Zugriff entzogen und die nicht vor Gericht verhandelt werden konnten. Sie merkte, daß sie es sich nicht länger leisten konnte, mit ihrer Wut und Schuldzuweisung gegenüber anderen zu leben. In dem Moment, wo sich Alicias Bewußtsein über das Wesen ihrer eigenen Existenz veränderte und sie sich als jenen Menschen erfahren durfte, als den Gott sie geschaffen hatte, stieß sie ebenfalls auf eine tiefe Liebe für ihren Vater, die ihr dreiundvierzig Jahre lang verborgen geblieben war.

»Augenblicke und Stürme«, so sagt Elisabeth Kübler-Ross, »sind das, an was wir uns im Moment unseres Todes erinnern.« Materielle Besitztümer verblassen im Vergleich zu den intensiven Augenblicken und Situationen, die unser Leben verändert haben.

Ein anderer Klient, der derartig viel Wut und Ärger aufgestaut hatte, daß es bei ihm jeden Augenblick zu einem Gewaltausbruch hätte kommen können, war Troy Anderson aus Houston in Texas. Troy war ein Mann, der stark mit der Tatsache seiner Homosexualität und der Reaktion seiner Mutter darauf zu kämpfen gehabt hatte. Als er 1994 zu mir kam, hatte er einen Job, der ihm nicht zusagte, steckte in einer unguten Beziehung fest und litt unter periodischen Wutausbrüchen. Obwohl er als liebenswürdiger und sozialer Mensch auftrat, umgab ihn eine Aura, die andere Menschen von ihm fernhielt – aus Angst, er könne jeden Augenblick etwas Negatives über sie sagen.

Nicht nur, daß Troys Mutter ihn nicht akzeptierte, sie hatte ihn außerdem daran gehindert, seine Großmutter, die ihn mitaufgezogen hatte, an ihrem Sterbebett zu besuchen. Als sie selbst starb, war Troy durch Testamentsbeschluß von den Beerdigungsfeierlichkeiten ausgeschlossen und enterbt worden.

Als wir seine Inventur machten, wurde schnell deutlich, daß Troys inneres Kind stinksauer über die ihm widerfahrene Behandlung war und sich entschlossen hatte, sein restliches Leben zu zerstören.

Ich habe noch nie einen Klienten getroffen, der nicht zu irgendeinem Zeitpunkt lähmende Angst empfunden hätte. Angst ist wie ein Faß mit Benzin, das konstant auf der Suche nach einem Streichholz ist. Diejenigen, die ihre Angst hinter einer Maske zu verbergen suchen, leiden bald unter dem starken psychologischen Druck verhängnisvoller Suchtmuster oder, in späteren Jahren, unter körperlichen Erkrankungen.

Troys Hauptsorge bestand darin, daß niemand ihn lieben würde. Wenn schon seine eigene Mutter ihn haßte, wer sollte ihn dann überhaupt mögen? Sein inneres Kind litt unter dem Liebesverlust und wußte den Schmerz nur zu lindern, indem es andere angriff, bevor diese ihm zu nahe kommen konnten, um ihn anzugreifen. Die Angst vor Zurückweisung und davor, nie im Leben wahre Liebe erfahren zu dürfen, stellten die eigentlichen Beweggründe für seine Freßsucht, sexuelle Überaktivität und seine ständige Aggression dar.

Nachdem er eine Inventur gemacht und eine Liste seiner eigenen Charakterfehler aufgestellt hatte, merkte er, daß die karmischen Familienspiegel ihm dabei behilflich waren herauszufinden, was mit ihm nicht in Ordnung war. Er mußte am eigenen Leib erfahren, was er anderen angetan hatte.

»Du kannst dich krümmen und winden, wie du willst, Troy. Aber diese Untaten haben bereits vor vielen Jahrhunderten in deinem Vorleben ihren Ursprung und rühren aus deinen eigenen Worten und Taten. Deine Seele wußte, daß es an der Zeit war, sich von den Fesseln, die sie an das Verhalten deiner Mutter binden, zu befreien«, sagte ich.

»Wie genau funktionieren die karmischen Räder?« fragte er.

»Indem du gezwungen wirst, jedes Gefühl selbst zu erfahren, das du jemals jemand anderen angetan hast, und für jede deiner Handlungen zur Rechenschaft gezogen wirst. Es ist allerdings wichtig, daß die Vorleben und ihr Einfluß im Verhältnis gesehen werden. Allzu viele Menschen erklären alles durch ihre Vorleben und bleiben in der Vergangenheit stecken. Manche benutzen dieses Wissen, um anderen Schuld einzuflößen. Eine Inventur des eigenen Lebens führt zur Übernahme der Verantwortung für das eigene Schicksal. Jeder sucht sich seine Eltern, seine Vorteile und Verantwortungen aus, um seinem Karma am besten dienen zu können. Unfälle oder Zufälle existieren nicht. Sobald du bestimmte Lektionen gelernt hast, wirst du von negativen Menschen und Situationen befreit werden, die in deinem Leben nur aufgetaucht sind, um dir deine Charakterdefekte sichtbar zu machen.«

Nachdem Troy eine Woche bei mir verbracht hatte, sagte er mir mit tränenüberflutetem Gesicht, daß er seine Mutter liebe.

Jede Reise von der Dunkelheit ins Licht, vom Ego-Selbst zum Gott-Selbst, beginnt mit einer Inventur der Familienverhältnisse und der Akzeptanz des eigenen Schicksals. Nur so gelingt es, die dunklen Wolken zu durchbrechen und uns von unseren Süchten und negativen Lebensumständen ein für alle Mal zu befreien. Jeder einzelne ist nicht nur allein für sein Schicksal verantwortlich, sondern auch der einzige, der imstande ist, es zu verändern.

Die Familie stellt den karmischen Spiegel dar.

Sobald einer meiner Klienten droht, in morbiden Selbstreflexionen oder dem »Armen Ich« zu versinken, beende ich sofort den Diskurs. Tränen der Befreiung und zu Ehren des eigenen Schmerzes und der Angst sind legitim, Tränen des Selbstmitleids sind jedoch nicht gestattet. Jeder Mensch stellt sein eigenes Problem dar, und nur er selbst ist in der Lage, es zu lösen oder zu verändern. Ich erlaube meinen Klienten nicht, in Reue oder Schuldgefühlen zu ertrinken.

Vom ersten Tag an gehen alle Kursteilnehmer, die sich von ihrer Scham befreien wollen, durch eine plötzliche Veränderung in ihrem emotionalen Körper. Oftmals treffen sie verängstigt und verunsichert in Sedona ein, fühlen sich jedoch nach der ersten Nacht hier völlig verändert.

Bis zu dem Zeitpunkt, an dem der Klient von jenen Verhaltensmustern losläßt, die ihn stets die gleichen Dinge mit den gleichen zerstörerischen Resultaten wiederholen lassen, kann es keine wirkliche Veränderung geben. Bis dahin gibt es keinen Gott, sondern nur ein lügendes, betrügerisches, diebisches und mißidentifizierendes Ego mit all seinen falschen Versprechungen. Ich garantiere Ihnen, daß das Ego vor Ihren Augen in einen Todeskampf versinken und zu Boden fallen wird, sobald es die Engelworte hört – Gott, Wahrheit, Liebe, Schönheit, Frieden, Gleichgewicht und Harmonie. Das Ego kann den Namen Gottes nicht ertragen.

Ich bin immer wieder amüsiert darüber, wie einige der Klienten ihre Ego-Geschichten auf mich oder andere Therapeuten projizieren. Für mich ist es durchaus nichts Ungewöhnliches, im Journal eines Klienten nachzulesen, was er von mir oder einem der anderen Therapeuten hält. Ich grinse dann nur und erkläre dem Betreffenden, daß dies eine seltsame Art ist, mir etwas über sich selbst mitzuteilen. Wenn wir uns von einer anderen Person gestört fühlen, deutet dies immer auf eigene Probleme hin, die noch nicht gelöst sind.

Gott ist innen.
Das Licht kann nicht irren.

Die Einheimischen in Sedona schwelgen in metaphysischem Aberglauben darüber, welche alchemistischen Kräfte die Vortexe hier besitzen, und einiges davon mag durchaus wahr sein. Irgend etwas an den rotbraunen, vielfältigen Felsformationen berührt unseren Energiekörper und führt zu den bekannten »Aha«-Erlebnissen. Vor Ablauf der Woche gehen viele der Sedona-Intensivpilger durch eine allegorische, transzendentale Darmreinigung: Sie eliminieren tonnenweise schmerzhafte und furchterregende Leichen aus den Kellern ihres Unbewußten.

Energetisch kraftvolle Orte wie Sedona, Lourdes, Maui, Stonehenge, Mount Shasta und Machu Picchu; ergreifende Musik und Spiele; inspirierende Bücher, Vorträge und Predigten bereiten die Bühne für die spirituelle Revolution von Gemüt und Körper, doch werden dauerhafte und tiefgehende Veränderungen immer erst von einer furchtlosen und gründlichen moralischen Inventur ausgelöst.

Der Sedona-Intensivkurs findet unter Aufsicht einer Gruppe außerordentlich guter professioneller Therapeuten statt, die sich ebenfalls irgendwann hier in diesem mystischen Paradies niedergelassen haben. Jeder meiner Klienten wird zumindest von einem anerkannten und ausgebildeten Psychologen betreut. Therapeuten, die sich auf andere Gebiete spezialisiert haben, betreuen Klienten bei Ehe- und Familienproblemen oder sind Experten für Sex- und sonstige Süchte.

Fragt mich der zitternde und nervöse Klient nach Durchsicht seines Wochenplanes dann, wozu er all die anderen Therapeuten braucht, so antworte ich ihm, daß es meistens besser ist, eine Zusatzmeinung und manchmal sogar zwei einzuholen, und wir lachen uns durch den nächsten Schritt auf die nächste Stufe.

Als ich mit dem Trinken aufhörte, begann ich, das Leben furchtbar ernst zu nehmen und die ganze Last des Anonymen Alkoholikers auf meinen Schultern und in meinem Gesicht zu tragen. Jemand aus meiner Gruppe sagte schließlich als Antwort auf eine meiner intellektuellen, seelenlosen Fragen: »Bring mich mal zum Lachen, Albert!« Es ist für jeden Menschen von großer Bedeutung, sich aus dem dunklen, gefährlichen Versteckspiel intellektueller Camouflagen in das sonnige Licht des Humors und schließlich in die Selbstliebe des Herzens zu begeben. Ich glaube fest an die wunderbare Kraft, die darin liegt, sich selbst nicht so ernst zu nehmen.

Am ersten Tag des Kurses geht es vor allem um die Familien- und Sexualgeschichte meiner Klienten. Am zweiten Tag geht es um innere Verletzungen und darum, wer wem was angetan hat. Am dritten Tag fängt gewöhnlich das Geschrei an. Nach innen gerichtete Wut begibt sich zielstrebig auf die Suche nach all den »Scheißkerlen, die mir das angetan haben«! Gewöhnlich gelingt es mir, die Angst durch Tiefenmeditation aufzufangen. Sind Verstand und Gemüt erst einmal beruhigt, kommen auch die Antworten. Das Licht Gottes beginnt zu scheinen. Der vierte Tag ist der Tag des Ärgers und der wütenden Briefe. Obwohl wir allmählich der Wahrheit darüber auf die Spur kommen, daß wir unsere eigenen Probleme kreieren, muß jeder noch seinen finsteren Dämonen mit Namen Zorn und Wut gegenübertreten. Durch Briefe kann er gefahrlos Dampf ablassen, so als ob er auf ein Kopfkissen einschlägt, oder er kann sich der Urschreimethode von Arthur Janov bedienen.

Innere Stille durch Meditation stellt eine der Voraussetzungen für den Erfolg des Kurses dar. Die meisten Klienten beschweren sich anfänglich darüber, daß sie nicht stillsitzen können, daß sie einschlafen, daß ihre Gedanken in einem fort abschweifen. Ich bitte sie darum, nicht aufzugeben. Es ist bezeichnend für die frenetische Hektik unserer Zeit, daß wir nicht imstande sind zu meditieren. Nach ein paar Tagen schmelzen die Widerstände, und jeder meiner Klienten ist in der Lage, sich zu entspannen, zu meditieren.

Am vierten Tag sind vor allem Mitgefühl und Toleranz gefragt. Ich ermutige jeden, sich keinerlei Beschränkungen aufzuerlegen und im wahrsten Sinne des Wortes die Sau rauszulassen. Wut und Ärger lassen sich nicht auf nette oder angepaßte Weise zum Ausdruck bringen, und kein Thema darf tabu, keine heilige Kuh ungeschlachtet bleiben.

Meine Klienten fluchen, sie verdammen, sie durchqueren die Hallen ihrer eigenen Scham und ihres Wahnsinns und kämpfen dort um ihr Leben. Sie verlangen von ihrem Ego, daß es sich als die lügnerische, berechnende, gottlose und überbewertete, überlagernde Energie, die es in Wirklichkeit ist, zu erkennen gibt. Seit Äonen ist das Ego auf Kollisionskurs mit all den Egos von Familienmitgliedern, Freunden und Feinden, giert nach Annihilation und Armaggedon.

Nach all dem Blut, dem Schweiß und den Jahren, die er damit zugebracht hat, sich selbst zu vernichten, erfährt der Klient eine plötzliche Illumination, die ihn realisieren läßt, daß der Krieg immer im eigenen Inneren stattfindet. Der Klient ist der einzige, der diesen Zustand verändern kann. Da wir unsere eigenen Probleme darstellen und jeder von uns über ein tödliches Ego verfügt, muß jeder für sich seinen Teufeln gegenübertreten und ihnen die Masken entreißen. Hinter der Persona des Ego wartet ein Engel, der uns dabei behilflich sein wird, zu Gott zurückzukehren.

Ich vergleiche diesen Prozeß oft mit der Fahrt über den Styx, jenen mythologischen Fluß, den die Toten auf dem Weg zum ewigen Leben zu überqueren haben. Der Sedona-Intensivkurs ist eine Methode, alte Lebensformen sterben zu lassen und mit einer neuen geboren zu werden.

Dabei hat jeder Klient seine persönlichen Geschichten, wie Sally Ann, die einen Minderwertigkeitskomplex hatte, weil sie vor zehn Jahren in der Oberschule einen Zettel abfing, auf dem »an die dicke Blonde mit der großen Nase« geschrieben stand. Sie hatte den Zettel in ihrem Schulheft verschwinden lassen und sich seither mit dieser Beschreibung identifiziert und stillschweigend darunter gelitten, sogar eine kosmetische Veränderung ihrer Nase verlangt, obwohl sie gar nicht so groß war.

Ich fragte Sally Ann, ob ihr jemals in den Sinn gekommen sei, daß nicht sie, sondern jemand anders mit dem Brief gemeint gewesen sein könnte. Wie sich herausstellte, war ihr der Gedanke noch nie gekommen.

Das Ausschlaggebende ist oftmals nicht emotionaler oder körperlicher Mißbrauch, sondern die Annahme, daß der Klient etwas Geringeres als Gott sein könne. Meistens ist eine Inventur vonnöten, um genau feststellen zu können, was über Jahre hin soviel Schmerz und Schande erzeugt hat. Und Ereignisse, die der eine Mensch vollkommen gleichmütig ertragen würde, können sich als tödlich für einen anderen erweisen.

Sarah S. ist eine Malerin aus Sweetwater, Alabama, und seit über zehn Jahren meine Klientin. Regelmäßig gelang es ihr, bis zu einem gewissen Punkt in ihrer Karriere vorzustoßen, dann wurde sie von ihren eigenen Ängsten gelähmt und wechselte entweder den Galeristen oder die Stilrichtung. Sie zog sogar um, doch nahm sie nie in Angriff, was wirklich der Änderung bedurft hätte: die verzerrte Wahrnehmung ihrer Wirklichkeit.

»Ich kann mir keinen Kurs leisten«, sagte sie eines Tages, als ich sie in Santa Fé am Telefon hatte. »Zuerst muß ich eines meiner Bilder verkaufen.«

Sie buchte eine Sitzung, an deren Ende ich ihr prophezeite, daß sie ein Bild verkaufen und das Geld für den Intensivkurs verwenden würde. Genauso geschah es.

Während sie bei mir in Sedona war, arbeiteten wir besonders an ihren Mutterproblemen. Sarah ähnelte ihrer Mutter so sehr, daß es fast unheimlich war. Mama zu lieben hieß bei ihr, sich selbst zu lieben, und ihre Mutter zu hassen bedeutete, sich selbst zu hassen. Sie heilte ihre Mutter, indem sie sich selbst heilte.

Ihre konstanten Geldprobleme waren in Wirklichkeit Probleme mit ihrem Selbstwertgefühl und Selbstrespekt. Aus Angst davor, daß sie das Geld, das sie einmal verdient hatte, wieder verlieren könnte, hortete sie ihr Vermögen so lange, bis sie dann auf regelrechte Kauftouren ging, die regelmäßig damit endeten, daß sie lange Zeit weder Scheckbuch noch Kreditkarten mehr anrührte, als handele es sich dabei um giftige Reptilien. Genau wie ihre Mutterprobleme übergab sie auch ihr Geld am Ende an Gott, und ihr Zustand verbesserte sich.

Die Texanerin Louella kam nach einer schmutzigen Scheidung, bei der es vor allem um Geld ging, zu einem Dreitagekurs zu mir nach Sedona. Von ihrer Abfindung hatte sie sich eine große Ranch in der Nähe von Dallas gekauft. Sie war fest entschlossen, mit ihrem Leben fortzufahren, doch ihr Selbstwertgefühl wurde von der Bedeutung materieller Dinge überschattet, denen sie zuviel Wert zumaß. Außerdem war sie verzweifelt auf der Suche nach einem Mann.

Ich bat sie darum, ihre positiven Merkmale und Eigenschaften auf einem Blatt Papier niederzuschreiben. Am nächsten Tag präsentierte sie mir folgende Liste:

1. Ich weiß, wie man günstig einkauft und sich gut anzieht;
2. Ich habe einen guten Geschmack, was Juwelen betrifft;
3. Gegenüber Menschen, die ich mag, bin ich großzügig;
4. Ich kann gut malen.

Bei einer Inventur Ihrer guten und schlechten Eigenschaften zeigt sich sehr deutlich, welche Dinge im Leben Ihnen etwas bedeuten und wo Ihre Prioritäten liegen. Legen Sie mehr Wert auf ein großes Haus, luxuriöse Wagen, teure Kleidung und vornehme Restaurants, als darauf, zu erfahren, wer Sie in Wirklichkeit sind? Sie sind nicht Ihr Haus und auch nicht Ihr Auto. Sie sind ein kostbares Kind Gottes, das auf die Erde gekommen ist, um seine Schwierigkeiten der Gegenwart und der

Vergangenheit zu überwinden, damit es lernt, glücklich, frei und zufrieden zu sein – an jedem Tag seines Lebens.

Machen Sie eine Aufstellung dessen, was Sie belastet. Unattraktive Qualitäten werden von uns meistens dann entwickelt, wenn wir uns gegen emotionale Verletzungen zu schützen suchen.

Eine meiner typischen Hausaufgaben lautet: »Schreiben Sie etwas über Klatsch und darüber, über wen Sie klatschen. Klatsch ist die Verleumdung des Charakters eines anderen Menschen. Wir alle tun es mehr oder weniger oft. Klatsch ist in jedem Fall eine Kommunikationsform für schwache und unsichere Menschen. Wer so handelt, der füttert die schwarzen Hunde des Egos.

Fertigen Sie eine Liste all der Menschen an, über die Sie tratschen. Schreiben Sie nieder, was Sie gesagt haben und was Ihre Quellen sind. In welcher Weise war das Gesagte für die Menschen auf Ihrer Liste schädlich? Stellen Sie sich vor, daß für jede Person, über die Sie tratschen, drei andere Menschen über Sie klatschen. Sie ernten genau das, was Sie säen. Wenn Sie sich weigern, über andere zu sprechen, werden auch die Gerüchte um Sie herum aufhören. Probieren Sie es einmal aus. Es hat bisher noch immer funktioniert.

Sollten Sie üble Nachrede über Ihre eigene Person hören und der Verkünder der schlechten Nachrichten sich ausbittet, daß Sie unter keinen Umständen weitersagen sollen, woher Sie den Klatsch haben, so sagen Sie dem oder der Betreffenden, daß sie sich mit ihrem Tratsch zum Teufel scheren kann und daß der König schon immer dem Botschafter den Kopf hat abschlagen lassen. Wenden Sie sich ab, und lassen Sie den Betreffenden einfach stehen.«

Barbara Whitehead kam aufgebracht nach Sedona, um ihr Fünftageprogramm zu absolvieren. In Georgia geboren und in Tennessee aufgewachsen, hatte die ehemalige Schönheitskönigin und Kandidatin für die Miss-Amerika-Wahlen mittlerweile hundert Pfund zugelegt, trug viel zuviel Make-up, schrille Kleidung und fluchte wie ein betrunkener Seemann.

Sie war in einer lieblosen Ehe gefangen und hatte große Schwierigkeiten, ihrem Ehemann einen Seitensprung zu verzeihen, denn er vor zehn Jahren begangen hatte. Als sie in Sedona ankam, hätte sie beinahe auf dem Absatz kehrtgemacht und wäre wieder gegangen, weil ihr Ehemann in ihrer Abwesenheit einen Panikanfall erlitt. Die beiden waren noch nie ohne einander verreist, und Billy vermißte seine Mutti. Wohlgemerkt, dies war der selbe Ehemann, dem sie seine Affäre angeblich nicht verzeihen konnte. Scheiden lassen wollte sie sich allerdings auch nicht. »Was würden denn die Nachbarn sagen?«

Nachdem Barbara und ich miteinander gesprochen und meditiert hatten, kam es bei ihr zu einer deutlichen Verschiebung ihrer Prioritäten. Es folgt die Liste mit den von ihr genannten Belastungen, unter denen sie zu leiden hatte:

1. *Ich spreche andauernd hinter dem Rücken anderer Menschen über sie.* (Vergessen Sie nicht, daß dies ein Zeichen für einen schwachen Menschen mit niedrigem Selbstwertgefühl ist.)
2. *Ich esse Junk-food und gucke fern, während mein Ehemann denkt, daß ich im Fitness-Studio bin und trainiere.* (Essen kann genauso zu einer Sucht werden wie Alkohol und Drogen. Barbara mußte erkennen, daß sie das Essen dazu benutzte, tiefliegende und schmerzhafte Probleme zu verdrängen.)
3. *Ich finde zuerst immer die Fehler anderer Menschen, anstatt ihre guten Qualitäten zu sehen.* (Hier kommt wieder das niedrige Selbstwertgefühl ins Spiel. Sich selbst hervorzuheben, während andere heruntergemacht werden, hat noch nie funktioniert. Dahinter steckt immer ein Suchtverhalten.)

Schließlich verstand Barbara das Programm und schaute sich ihre makabre Innenwelt an, bevor sie lernte, sich durch Vergeben und Akzeptanz selbst zu lieben.

Bei übergewichtigen Menschen besteht die Hauptgefahr nicht im Essen. Das Essen verdeckt immer tieferliegende Probleme. Psychiater und Psychologen haben festgestellt, daß viele Eßkrankheiten, unter ihnen auch Bulimie und Anorexie, oft durch sexuellen Mißbrauch und inzestuöse Beziehungen hervorgerufen werden. Eine tiefgehende und gründliche Inventur in allen Lebensbereichen wird mehr für sie tun als sämtliche Antidepressiva, lustigen Filme und Abenteuerurlaube in exotischen Ländern.

Alles Lesen und Schreiben, Tagebuchführen, Beten und Meditieren bringt der Seele allerdings keine dauerhafte Linderung, solange sich der Klient seine Sünden nicht eingesteht. Meine Klienten tun das entweder in meiner Gegenwart oder in der eines anderen Therapeuten.

Doch kommen nicht alle Pilger auf der Suche nach Heilung von Süchten und destruktiven Verhaltensmustern. Manche suchen auch nach Antworten und Gründen für Tragödien, die ihnen widerfahren sind und die ihnen nicht erlauben, die Welt mit klarem Blick zu sehen.

Katherine und Arthur Andrews waren ein Ehepaar aus St. Louis. Sie hatten drei Kinder und schienen zumindest dem äußeren Anschein nach allen Kriterien eines gutgestellten Paares mit wohlerzogenen, beinahe perfekten Kindern zu entsprechen. Ihr von »heiler Welt« und Katholizismus geprägtes Weltbild brach jedoch zusammen, als ihre jüngste Tochter an einer Überdosis Heroin starb, während die Eltern sich auf einem Wochenendtrip befanden. Die Familie und ihre Freunde konnten nicht fassen, was geschehen war, und fragten sich wieder und wieder: »Weshalb hat Laura sich umgebracht?«

Als sie zu mir kamen, erklärte ich Katherine und Arthur, daß ich nur getrennt mit ihnen arbeiten wolle und wir uns erst am Ende der Woche wieder zu einer Gruppe zusammenfinden würden.

Vom ersten Tag an setzte ich eine unumstößliche Grundregel fest: Laura hatte die Entscheidung getroffen, sich das Leben zu nehmen. Egal was oder was nicht im Haus der Eltern vorgefallen war, außer Laura war niemand verantwortlich für ihren Tod. Damit jemand seine tiefe Trauer verarbeiten kann, ist es von großer Wichtigkeit, die Überlebenden von Schuldgefühlen zu befreien. Für einen Selbstmord ist niemand anders verantwortlich als der Selbstmörder selbst.

Was auf Katherine und Alexander am befreiendsten wirkte, war die Realisierung der Tatsache, wie hilflos sie dem Tod ihres Kindes ausgeliefert waren. Wieviel Liebe und Zuneigung ein Kind oder ein Partner von Ihnen auch erfahrt, er kann trotzdem die Entscheidung treffen, sich das Leben zu nehmen, und wir müssen lernen, diese Tatsache als gegeben hinzunehmen und damit umzugehen.

Katherine und Arthur verließen Sedona mit dem festen Entschluß, ihren beiden überlebenden Kindern mehr Aufmerksamkeit zu schenken und ihnen besser und mit Offenheit zuzuhören – egal um was es sich bei den Anliegen der Kinder auch handeln mochte. Ihre Elternpflicht bestand darin, ihre Kinder zu lieben und großzuziehen, ohne sich dabei an sie zu hängen. Gott allein bestimmte, was mit ihnen geschah.

»Ich spüre weder Angst noch Schuld, wenn ich an Lauras Selbstmord denke, und fühle mich ihren Geschwistern Polly und Ken auf eine liebevolle Weise verbunden. Ihnen dabei zu helfen, ihren eigenen Ängsten zu begegnen und sich mutig und unverzagt an ihr eigenes Ego zu wenden, ist für mich als Elternteil ein Privileg«, sagte Arthur mir beim Abschied.

Du bist deines Bruders Hüter.

Wenn sich die Woche dem Ende nähert, gibt es noch eine einzige Aufgabe zu verrichten, die den Sucher für immer von seinen Ressentiments und Rachegefühlen befreit. Was immer auch an ihm oder ihr nagen mag, danach ist es ein für allemal verschwunden: Jeder Klient schreibt Briefe um Vergebung an all jene Menschen, denen er Leid zugefügt hat.

Vergebung ist der Weg zur Klärung.

Kapitel 2

Ein Brief um Vergebung

Vergebung: das Verschwinden von Ressentiments gegenüber einem Angreifer; wiedergutmachen.   – Lexikon

Lieber Vater:

Ich befinde mich gerade in Sedona, Arizona, und gehe hier durch ein aufrüttelndes Klärungsprogramm. Nachdem ich mir für die Dauer einer Woche meinen über Jahre angestauten Ärger und meine Wut habe anschauen dürfen, wurde ich dazu aufgefordert, einen Brief um Vergebung an all jene zu schreiben, denen ich in meinem Leben Schaden zugefügt oder Leid verursacht habe. Du warst der erste, der mir in den Sinn kam. Ich mußte dir diesen Brief schreiben, und das Vertrackte dabei ist, daß ich dich um deine Vergebung *bitten muß*, anstatt von dir zu *erwarten*, daß du mir vergibst. Es dauerte lange, bis ich verstanden habe, was Vergebung ist.

Als Mutter und du euch habt scheiden lassen, war ich ungefähr neun und habe gedacht, daß es meine Schuld gewesen sei. Als wir wenig Geld hatten und sie zwei Jobs gleichzeitig annahm, um uns Kinder durchzubringen, habe ich mich schuldig gefühlt. Als du nach fünfundzwanzig Jahren deine Arbeitsstelle verloren hast, habe ich mich ebenfalls gefragt, was ich hätte tun können, um dies zu vermeiden. Ich habe mich während der letzten Tage weniger damit beschäftigt, was du mir angetan hast, als vielmehr damit, wie wenig ich doch in der Lage bin, ein Leben außer dem meinen zu verändern. Ich habe außerdem entdeckt, daß ich selbstsüchtig und selbstzentriert bin. Du hast getan, was du für richtig hieltest. Ich bin derjenige, der an deinen Handlungen Anstoß genommen und sich dreißig Jahre lang darüber aufgeregt hat.

Vater, als ich eine Inventur meiner Kindheit machte, geschah etwas Merkwürdiges: Ich erinnerte mich an die schönen Zeiten, die wir gemeinsam verbracht haben, wie z. B. den Sommer, als du zu meinem Bruder John und mir ins Ferienlager gekommen bist und mir Pfeil und Bogen, John ein Kanu mitgebracht hast. Ich bin Bogenschütze geworden und habe drei Jahre nacheinander den ersten Platz belegt, weil ich dir imponieren wollte und du es warst, der mir Pfeil und Bogen geschenkt hatte. Und ich dachte an die Zeit, als ich bei den Schulmeisterschaften für Tennis in der ersten Runde rausgeflogen bin und daran, wie sehr du mich und meine Fähigkeiten trotzdem unterstützt hast. Im darauffolgenden Jahr gewann ich im Einzelturnier. Ich habe dir nie für Pfeil und Bogen und für deine kritiklose Unterstützung gedankt.

Im Verlauf des Sedona-Intensivkurses mußte ich über meine Familie schreiben, und ich habe mich bei Großmutter und Großvater über deinen Lebensweg erkundigt und herausgefunden, daß auch du dich durch viele Schwierigkeiten hast arbeiten müssen. Du bist mitten in der Depression auf die Welt gekommen und mußtest dein Studium aufgeben, um deiner Familie beim Verdienen des Lebensunterhaltes behilflich zu sein. Es gab keine Studienhilfe, und dein Vater hat sich aus Gesundheitsgründen früh pensionieren lassen müssen und nur die Hälfte seiner Pension erhalten. Es dauerte sieben Jahre, bis du dein Studium summa cum laude abgeschlossen hattest. Jahrelang hast du sechzig Stunden die Woche gearbeitet.

Vater, das allein nimmt meinem Argument, daß du mich nicht verstanden hättest und wie hart mein Studium war, den Wind aus den Segeln. Als ich Großmutter fragte, weshalb du mir all dies nie erzählt hättest, als wir uns über meine Noten gestritten haben, antwortete sie nur: »So ist Jim eben.«

Je mehr ich von dir erfahren habe, desto mehr konnte ich deine Entscheidungen begreifen und verstehen, wie du dich gefühlt haben mußtest. Früher habe ich mich immer darauf konzentriert, wie sehr du mir durch deine Abwesenheit geschadet hast. Mittlerweile kann ich die Vorteile darin erkennen.

Jedesmal, wenn mir jemand etwas von meinem »inneren Kind« erzählte und daß alles, was ich tue, von ihm beeinflußt wird, hätte ich am liebsten gekotzt. Je mehr ich zuhören konnte und je ehrlicher ich wurde, desto klarer wurde mir auch, daß dies die Reaktion eines traurigen, sensiblen kleinen Kindes war, das Angst vor Intimität und Verletzung hatte. Vermutlich weißt du, daß ich zwei Mal verheiratet war und eine Tochter aus erster und einen Sohn aus zweiter Ehe habe. Ich hatte mir geschworen, mich nie im Leben scheiden zu lassen, und doch habe ich es getan.

Je mehr ich nach innen schaute, um mein eigenes Kind zu retten und ihm zu geben, was es von mir nie bekommen hatte – Liebe, Freundschaft, Unterstützung und Akzeptanz –, desto weniger begriff ich mich als Opfer einer zerstörten Familie.

Ich bin in einem Zwölf-Stunden-Selbsthilfeprogramm, das mir dabei helfen soll, liebevolle Beziehungen mit anderen Menschen zu unterhalten. Dabei hat mich total erstaunt, mit wieviel Angst bei mir die Sexualität belegt war, bis ich eine gründliche und furchtlose Inventur meiner Handlungen unternahm. Die Verletzungen, die ich anderen zugefügt hatte, standen auf meiner Liste plötzlich wesentlich höher als das, was andere mit antaten.

Vater, ich möchte mich dafür entschuldigen, daß ich dir weder zum Vatertag noch zu deinem Geburtstag je eine Karte geschickt oder dich angerufen habe. Ich habe mir nicht das mindeste aus deinen Gefühlen gemacht, sondern war nur um mich besorgt. Das wird von nun an anders sein.

Von heute an wirst du mein Vater sein, und ich werde dich bedingungslos lieben. Ich werde nicht mehr in böser Absicht oder respektlos über dich sprechen, und ich wünsche mir Gottes Segen für dich und dein Leben.

Ich möchte dich bitten, mir mein Versagen und die dir zugefügten Verletzungen zu verzeihen. Vater, kannst du mir verzeihen? Deine Antwort auf meinen Brief ist übrigens nicht Teil dieses Kurses. Für mich ist nur wichtig, daß ich diesen Brief geschrieben habe. Vater, ich liebe dich.

P.S. Ich würde mich gern mit dir zum fünfundzwanzigsten Klassentreffen im August treffen. Ich habe uns beim Vater-Sohn-Bogenschießen eingetragen.

Als Alex Greyson seinen Brief um Vergebung abgeschlossen hatte, weinte er und bedurfte ob der dadurch bei ihm ausgelösten Emotionen meiner Rückversicherung. Ich erklärte ihm, daß das Auftauchen und Zulassen seiner wahren Gefühle ihn von seinen selbstauferlegten Fesseln und seiner Scham befreien würde. Seinen Vater um Vergebung zu bitten, öffnete Alex zum ersten Mal in seinem Leben die Möglichkeit, einen Geschmack davon zu bekommen, wie es sich anfühlte, frei zu sein. Die Beziehung zu seinem Vater färbte auf alle seine Beziehungen ab, besonders auf die zu Frauen und zu seinen Kindern. Seine Ressentiments hatten ihn in einem Käfig emotionaler Isolation gefangengehalten.

»Was soll ich als nächstes tun?« fragte er.

»Du mußt den Brief um Vergebung verbrennen. Ein alter Indianerbrauch verlangt, daß du zur Mutter gehen und um Vergebung bitten mußt. Mutter ist in diesem Fall die Mutter Erde. Geh in die Berge von Sedona und finde dort einen Ort, der dir gehört. Dort mußt du sitzen und meditieren und dann dem Geist der Mutter Erde deine Briefe vorlesen. Nachdem deine Seele auf die Kraft und Magie dieser Zeremonie ausreichend vorbereitet wurde, mußt du deine Briefe um Vergebung verbrennen und die Asche vergraben.«

Zusätzlich zu seinem Brief an den Vater mußte Alex noch je einen Brief an seine beiden Ex-Frauen, seine zwei Kinder, drei Geschwister und mehrere ehemalige Angestellte schreiben. Briefe um Vergebung müssen an jeden Menschen gerichtet werden, dem gegenüber der Klient tiefgehende Ressentiments empfindet, welche sich in entsprechenden Handlungen manifestiert haben.

Die Wirkung der Briefe um Vergebung wird durch die Wutbriefe verstärkt, die jeder meiner Klienten zu schreiben hat und die alle die Scham, den Schmerz, versteckte Ängste, Rachegelüste und Enttäuschungen an den Tag bringen. Es sind immer die versteckten und unzugänglichen Emotionen, die einen Menschen am längsten gefesselt halten und krank machen.

Um auf natürliche Weise eine Klärung zu erreichen, ist es wichtig, daß der Klient jeden Schritt in Richtung Freiheit von den eigenen und den Beschränkungen anderer selbst ausführt. Indem er seine Familiengeschichte offen auf den Tisch legt, sich währenddessen im Gottbewußtsein aufhält und seine sexuelle Inventur vollzieht, durchläuft er eine wichtige Stufe auf seinem Weg zum Licht und lernt, seine Masken abzunehmen. Eine Aufstellung seiner Talente sowie seiner Handicaps und des durch ihn verursachten Schadens beenden die Litanei dessen, was das spirituelle Licht am Eindringen hinderte und ein weiteres Ego-Opfer produzierte. Jeder meiner Klienten findet heraus, daß alles, was er gelernt hat und zu wissen meint, von Eltern, Lehrern, Predigern und Freunden stammt, die selbst keinen Schimmer davon hatten, wer sie in Wirklichkeit waren und wie sie den Heimweg zu Gott antreten sollten. Affen, die andere Affen nachäffen, so sind wir alle zu defekten Prototypen einer heruntergekommenen Menschheit geworden.

Das Verbrennen der Briefe ist der eine Aspekt, der alle Teilnehmer des Intensivkurses von anderen und sich selbst befreit. Es handelt sich dabei um ein Ritual, das sie allein mit sich und der Mutter Erde austragen. Campion, der Indianerführer, begleitet sie auf den Berggipfel und überläßt sie dort ihrer Begegnung mit der Mutter.

Als Alex seine Briefe verbrennen sollte, entschloß ich mich, ihn zu begleiten, obwohl meine Gehbehinderung mich normalerweise davon abhält.

Campion hatte sich Schnebly Hill als Aussichtsplattform auf die paradiesische Landschaft Sedonas auserkoren, wo die Energie der mächtigen Vortexe mir wie ein frischer Wind ins Gesicht blies. Nach einem etwa viereinhalb Kilometer langen Anstieg gegen die Westseite von Schnebly Hill machte Alex sich auf die Suche nach einer geeigneten Beerdigungsstätte. Campion und ich entschieden, uns flach auf Mutter Erdes Bauch zu legen und zu meditieren.

Jeder meiner Klienten erhält genaue Anweisungen, auf welche Weise er die Erde vorbereiten muß, damit sie seinen Schmerz, seine Verletzungen und seine Briefe annimmt. Für Alex begann die Initiation mit einer stillen Andacht. Er klärte seinen Kopf von Geschnatter und Alltagskram. Dazu hatte er einen Walkman und meine Meditationskassette als Gefährten mitgebracht, der ihn bei der finalen Reise von der Dunkelheit ins Licht begleiten sollte – aus der Konfusion in die Klärung.

Sobald er den Eindruck hatte, sich ausreichend vorbereitet zu haben, las Alex jeden der Briefe laut vor. Hatte er einen beendet, so drückte er ihn ans Herz und schloß die Augen, um Mutter Erde zu gestatten, seine Bitte um Vergebung zu akzeptieren. Dann grub er ein kleines Loch, entzündete ein Streichholz und verbrannte den Brief in seinem Grab, bis nur noch Asche übrig war. Danach bedeckte er die Asche mit Erde, steckte einen Stab hinein und legte drei kleine Steine als Markierung für das Briefgrab darauf. Jeder Brief erhält seine eigene Grabstätte, und die Gräber sind immer in einem Halbkreis angelegt.

Alex wiederholte den Vorgang mit jedem seiner Briefe und legte zwischen den Verbrennungen Pausen ein, um Mutter Erde den gebührenden Respekt zu erweisen und dem Universum Zeit zu lassen für den Übergang von Transgression zu Vergebung. Als alle Briefe verbrannt waren, grub er ein großes Loch und verbrannte die Papiere, auf denen er die ganze Woche über Inventur geführt hatte, ohne sie noch einmal anzuschauen. Die Asche der Inventur wird mit einem größeren Stab und drei größeren Steinen markiert. Ihre Grabstätte befindet sich in der Mitte der Vergebungsgräber.

Diese Konfiguration steht für das Auge des Horus aus der ägyptischen Mythologie. Die nordamerikanischen Indianer und die Ägypter haben gemeinsame Vorfahren, und viele Menschen sind der Ansicht, daß Sedona von Auswanderern aus der Nilgegend bevölkert wurde.

Als er seine Zeremonie beendet hatte, kam Alex unter Freudenrufen aus seinem Privatfriedhof auf uns zugesprungen.

»Yippieee, endlich frei! Ein Berg von Scham und Schande ist von mir genommen worden. Ich fühle mich so frei wie noch nie in meinem Leben!« Er rannte auf den beinahe zwei Meter großen Campion zu, drückte ihn fest an sich und küßte mich danach auf den Mund. »Ich liebe dich, Campion. Ich liebe dich, Albert. Ich könnte die ganze Scheißwelt umarmen, Ich bin frei!«

Alles ist Liebe.

Alex fühlte, was alle Sucher fühlen, die nach Sedona kommen, um die große Schlacht gegen ihre Ressentiments zu schlagen. Die Inventur plus die Magie des roten Felsen starren dem koboldhaften, destruktiven Ego direkt ins Gesicht, und das Ego hat bisher jedesmal verloren. Am Ende wird immer die Wahrheit siegen, Gott, Liebe, Schönheit, Frieden, Gleichgewicht und Harmonie.

Nachdem der Klient seine Aufgabe erfüllt hat, bereitet Campion das Mittagessen, Mineralwasser und frische Früchte vor, und wir brechen das Brot. Danach verbringe ich mit dem neu geborenen Menschen Zeit, während der er reden, weinen, lachen und die Anwesenheit Gottes fühlen kann, die er immer ignoriert hatte.

Nach seiner Klärung sprang Alex von Felsen zu Felsen und stellte sich schließlich vor mir auf wie ein aufsässiges kleines

Kind, indem er die Hände in die Seite stützte: »Albert, du redest immer davon, daß du dazu beauftragt seist, uns in den Himmel zurückzuführen. Sag mal, wo ist denn nun der Himmel?«

Ich mußte lachen.

»Das Himmelreich ist ganz nahe.«

Alex blickte mich verständnislos an, und ich stieß ihm mit dem Finger sanft auf die Brust. »Es liegt in dir«, sagte ich lachend. »Versteh das doch endlich!«

Campion kam zu uns. Es war Zeit, nach Hause zu gehen, und während wir gemächlich den Rückweg antraten, drehte sich Alex zu Campion um und sagte: »Wir sind schon zu Hause. Hat dir schon einmal jemand gesagt, wo der Himmel ist? Das himmlische Königreich...«

Seine Stimme hallte durch das Tal, während wir von der Bergspitze hinabstiegen, auf der die Vergebung lebte, und ins Tal zurückkehrten, um unsere Wege von nun an durch Gott bestimmen zu lassen.

Wann geschehen all diese Dinge? Jedesmal, wenn ein Kind geboren wird. Und warum? Weil der Himmel darauf wartet, daß die verlorenen und gefallenen Engel nach Hause zurückkehren.

Seltsame und wundervolle Synchronizitäten und Augenblicke, die einen Menschen herausfordern und für immer verändern, können sich auch bei Ihnen so unvermittelt einstellen wie bei mir. Vielleicht hören Sie demnächst, wie eine freundliche Stimme Ihren Namen flüstert, oder bemerken die Anwesenheit einer stillen, unsichtbaren Präsenz. Dies sind keine Ausgeburten Ihrer Phantasie. Vielleicht handelt es sich dabei um Engel, die gekommen sind, um Ihnen bei der Klärung für das Millennium, die Geistwende, behilflich zu sein.

DER SEDONA-INTENSIVKURS

Um eine Broschüre und weitere Informationen zu dem in diesem Buch beschriebenen Kurs zu erhalten, wenden Sie sich bitte an: The Sedona Intensive, Albert Gaulden Enterprises, P.O. Box 2309, Sedona, AZ 86339-2345, oder telephonisch (001/520) 282-4723.

Einsichten und Einblicke

Bruno Martin
Handbuch der spirituellen Wege
Eine Entdeckungsreise
08/3003

E.R. Carmin
Das schwarze Reich
Geheimgesellschaften im 20. Jahrhundert
08/3008

08/3003

S P H I N X bei H E Y N E

Body & Soul

Harmonie des Lebens

Erich Bauer/Uwe Karstädt
Das Tao der Küche
08/5186

Chao-Hsiu Chen
Feng Shui
08/5181

Laneta Gregory
Geoffrey Treissman
Das Aura-Handbuch
08/5183

Christopher S. Kilham
Lebendiger Yoga
08/5178

Ulrike M. Klemm
Reiki
08/5176

Anita Martiny
Fourou Turan
Aura-Soma
08/5175

Dr. med. H. W. Müller-Wohlfahrt
Dr. med. H. Kübler
Hundert Prozent fit und gesund
08/5179

Brigitte Neusiedl
Heilfasten
08/5180

Donald Norfolk
Denken Sie sich gesund!
08/5182

Magda Palmer
Die verborgene Kraft der Kristalle und der Edelsteine
08/5185

Susi Rieth
Die 7 Lotusblüten
08/5177

Dr. Vinod Verma
Ayurveda
08/5184

08/5181

Heyne-Taschenbücher

Dr. Deepak Chopra

Die unendliche Kraft in uns
Heilung und Energie von jenseits der Grenzen unseres Verstandes
08/9647

Dein Heilgeheimnis
Das Schlüsselbuch zur neuen Gesundheit
08/9661

08/9647

08/9661

Heyne-Taschenbücher